U0112108

運動精進叢書 15

街頭花式籃球

畢仲春　何斌　陳麗珠　著

大展出版社有限公司

前　言

無論滄海還是桑田，總有一種精神存在，那就是人類追求自由的精神。在街球（street ball）的理念當中沒有繁瑣的規則，沒有固定的戰術，沒有統一的要求，只有特立獨行的風格、隨心所欲的技巧和自我張揚的個性。

街球最重要的表達就是自由而富有創造性的人生，充分體現人們嚮往自由的生活方式（free styles）的內在衝動，因而，她註定要向大衆化和娛樂化的方向發展，並向每一個喜愛籃球的人招手。

在街球的文化理念當中，街頭並不是街球的惟一歸宿，只要夢想和藝術存在，街球在哪裡都可以成爲交流的紐帶、娛樂的天堂。在街球語言中，籃球是她的正門師兄，Hip—Hop是她的旁門師姐。街球是籃球的昇華和超越，它豐富而鮮明的內涵可以啓迪每一個熱愛生活的人，所以，自由之精神將街球帶到了街頭，也帶進了學校，帶進了社區。

街球、激情、自由、音樂、傳遞著青春的活力是張揚自我的載體——這絕對不是單純的打球，而是投入身體的每一個元素，借助於籃球比賽，來創造一種成長的氛圍。是的，街球從來就不僅僅是一種運動。在這裏，我們很容易就可以把練藝、練身、練心與娛心相連在一起，把自我融入到其樂無窮的街球浪潮中，領悟文化，感悟人生。

20世紀90年代末，隨著生活水準的大幅度提高和外來文化的大面積「侵入」，特別是美國式籃球理念的強大影響，街球開始風靡國內，各種街頭的比賽如雨後春筍，你方

唱罷我登場。中國的街球人口在不斷地壯大，青少年喜愛，成年人也喜歡來兩下。

街頭籃球，自在地演繹自我風格，盡情享受運動的樂趣，讓我們一起在街舞的節奏中演繹最自在、最眞實的籃球風格——I LOVE THIS GAME！沒有場地？藉口！沒有隊友？託辭！如果你身懷籃球一技之長，就立刻穿上球鞋加入到我們的「街頭籃球」中來吧，讓我們一起炫技鬥法、張揚自我、笑傲江湖！

一直以來，我們都把籃球視爲一種正規的競技運動，而新新人類卻跳出傳統，把籃球當作演繹自我風格、張揚自我個性的獨特方式。在都市街頭的一片空地，約四五個好友，片刻殺到，爲屬於自己的動感地帶標上自己的符號。輕鬆自在的心情、別具一格的裝飾、匪夷所思的絕活，伴隨著青春的節拍，使街頭籃球除了球技的較量，更多了一份玩兒的心情和酷的感覺。

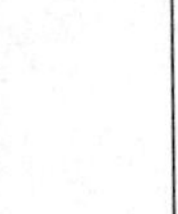

街頭籃球賽如此引人入勝、癡迷專注，其奧秘在於競賽設施與形式：場小，人少，時短，便於施展投、切、搶、防、傳、運等各項技能、技藝；同時又易於進行掩護，圍繞策應、突分與擋拆等二三人的機動、巧妙配合。她可以實現身、心、藝、娛的凝結與昇華，實現自我的逐步超越。

在街球文化發展的浪潮中，每一個置身其中的籃球人士，都爲之感動和振奮。作爲籃球一分子，願爲她的發展添磚加瓦，特以本人之歷年籃球界的經歷、耳濡目染之體會，借籃球學術與實踐之結合撰寫本書，爲喜愛籃球運動的青少年朋友們提供街球的各式花式耍球技巧、基本動作和一對一比賽中的各種方法與謀略，使大家在籃球場上有限的空間內

掌握在攻守對抗中正確的出招與破招的技術與能力，並不斷臻于完善，使比賽中更具有機動性、靈活性、實效性和趣味性，體現出每一個青少年內在的意志、意識和臨機處變的思維潛質來為了讓得此書者都學有所成。

本書特附每個技巧動作的觀賞指數、難度係數、對抗強度和實用指數各項指標，對動作屬性一目了然，並在每一技巧動作中注明動作方法、練習方法，以及與其他技巧動作的銜接練習形式。按照內文指示按步練習，你，也可以成為在球場上自由馳騁的驍將。

祝福你，未來的喬丹！

作　者

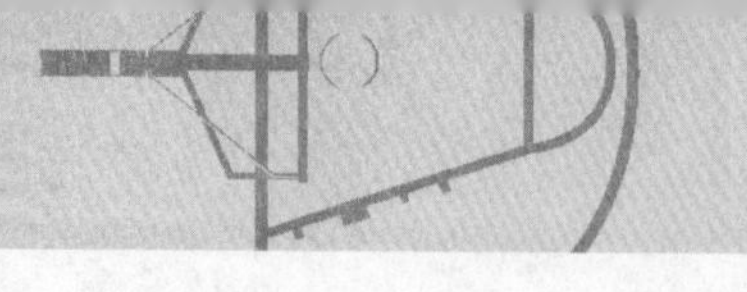

目　錄

Streetball Streetball

第一章
戲球篇

Street Ball 街球

技巧一 大紅燈籠高高掛

各項指標評價

觀賞指數：●●●●●　動作難度：●●●

一、大紅燈籠高高掛——轉球技巧動作說明

正月十五鬧花燈，每家每戶、大人小孩、俊男俏女都要打著燈籠到街上玩耍，夜幕降臨，一盞盞燈籠遊蕩在長長的街道上，宛如銀河落入人間，當幾個街球朋友一同轉起球來時，就像一盞盞燈籠懸掛在空中一樣，象徵著街球人的愉悅心情。

每當街球的朋友一拿到喜愛的籃球後，球的質感立即由手上傳導到大腦，隨即將球輕拋在空中，指尖頂起，輕柔地轉起來，不論是在球場上、馬路邊，還是在家中、學校，站著、坐著、走著甚至躺著，只要一球在手，皮球就在指尖跳動、歌唱，與街球的朋友一道奔向球場。本技巧動作圖 1～圖 11 教給你的是怎樣把球轉起來，又快又穩，還可以做出各種花式，請按本圖解說明依次練習。

一、大紅燈籠高高掛——轉球技巧動作方法

1.雙腳平行站立，單手托球於手上，雙眼注視球體，屏住呼吸，用手指和手掌感覺球體的重心（圖1）。

圖1

2.將球後引，掌心向前，身體略向右轉45°（圖2）。

圖2

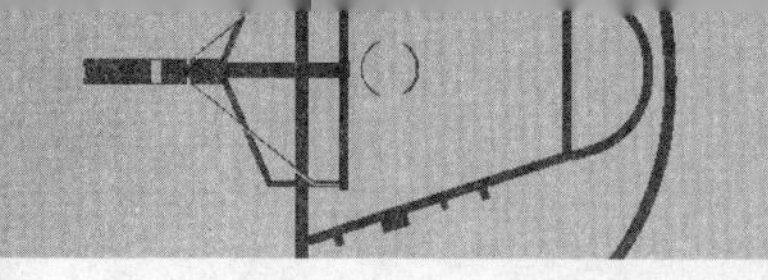

3.力從腳發，身體由右向左轉動，轉動之力由身體經上臂傳達到手上，手指、手腕隨之由外向內轉動球體，產生勻加速旋轉之力，使球轉動，順勢以食指將球頂起（圖 3、圖 4a、圖 4b、圖 5、圖 6a、圖 6b）。

圖 3

圖 4a

圖 4b

圖 5

圖 6a

圖 6b

4.球在指尖轉動之時，為了不使其掉下來，就要不停地用另一隻手為球加轉，以左手掌從後向前切削球的側面，使球越轉越快（圖 6c、圖 6d）。

圖 6c

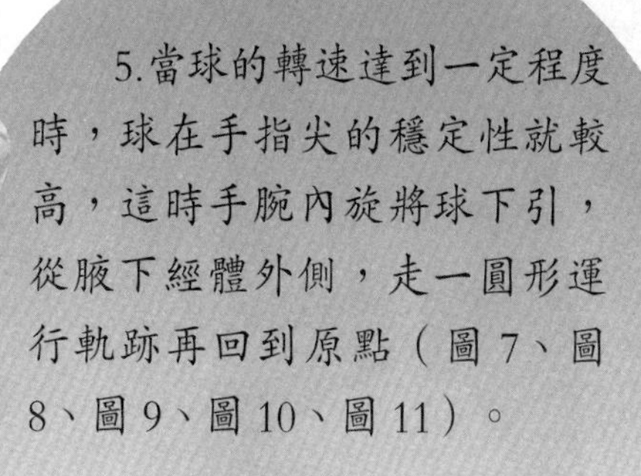

5.當球的轉速達到一定程度時，球在手指尖的穩定性就較高，這時手腕內旋將球下引，從腋下經體外側，走一圓形運行軌跡再回到原點（圖 7、圖 8、圖 9、圖 10、圖 11）。

圖 6d

圖 7

圖 8

圖 9

圖 10

圖 11

三、大紅燈籠高高掛——轉球技巧動作練習方法

要求：轉球本身是一種球性練習。不論何時何地，只要有球在手就要隨之轉動，要掌握這一技巧必須對球性比較熟悉，並需要不斷地練習，在多次失敗和嘗試中掌握要領。實際演練，每天堅持，由生疏到熟練，由熟練到精湛，持之以恆，必有成果。

四、與其他技巧的銜接練習

1. 與海豹戲球技巧動作的連接練習（見戲球篇技巧2）。

2. 與游龍戲珠技巧動作的連接練習（見戲球篇技巧3）。

3. 與神猴獻桃技巧動作的連接練習（見戲球篇技巧4）。

4. 與繡球過橋技巧動作的連接練習（見戲球篇技巧5）。

5. 與穿越流星技巧動作的連接練習（見戲球篇技巧6）。

6. 與輪盤旋轉技巧動作的連接練習（見戲球篇技巧7）。

技巧二 海豹戲球

各項指標評價

觀賞指數：🏅🏅🏅🏅🏅　動作難度：🏅🏅🏅

一、海豹戲球——手指腕轉球技巧動作說明

當一支鉛筆在指尖跳動、翻滾、循環往復樂此不疲時，一個籃球也可以在手指、手背、手心處「流淌」，川流不息，永不疲倦。就如同憨態可掬的海豹，在向人們展示其弄球的技藝，雖然每時每刻都有失誤的可能，但那只是給人們一點驚喜的賣弄。海豹戲球這一招式有別於大紅燈籠高高掛技巧動作，它是整個手對球的熟練性練習，手指、手背、手心、手腕各點如同一個滾軸軸承，手在轉動，球在轉動，動作真諦，詳看以下圖解便知。

二、海豹戲球——手指腕轉球技巧動作方法

圖 1

1.雙腳平行站立，單手托球於肩上，雙眼注視球體，屏住呼吸，用手指和手掌感覺球體的重心（圖 1）。

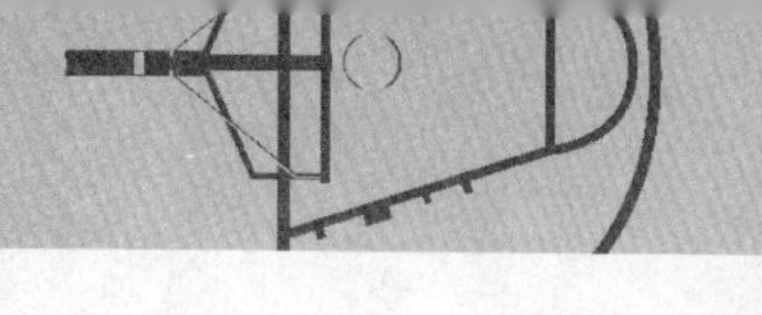

2.將球後引，身體由右向左轉動，轉動之力由身體經上臂傳達到手上，手指、手腕隨之由外向內轉動球體，產生勻加速旋轉之力，使球轉動，順勢以食指將球頂起（圖 2、圖 3、圖 4）。

圖 2

圖 3

圖 4

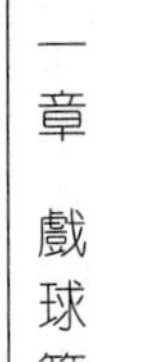

3.球在指尖轉動之時，順勢將手指、手腕彎曲，球的重力使球向下掉，正好使球落在手背處（圖 5、圖 6、圖 7、圖 8）。

圖 5

圖 6

圖 7

圖 8

4.當球在手背時，手腕繼續向上翻轉，使球落在手指上的轉速達到一定程度，這個動作循環往復，不斷進行，走一圓形運行軌跡再回到原點（圖 9、圖 10、圖 11）。

圖 9

圖 10

圖 11

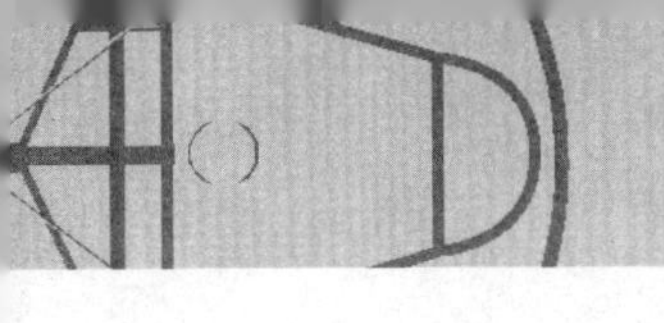

三、海豹戲球——手指腕轉球技巧動作練習方法

要求：要掌握這一技術必須對球性比較熟悉，並需要不斷的練習，在多次失敗和嘗試中掌握要領。實際演練，每天堅持，由生疏到熟練，由熟練到精湛，持之以恆，必有成果。

四、與其他技巧動作的銜接練習

1. 與大紅燈籠高高掛技巧動作的連接練習（見戲球篇技巧1）。

2. 與游龍戲珠技巧動作的連接練習（見戲球篇技巧3）。

3. 與神猴獻桃技巧動作的連接練習（見戲球篇技巧4）。

4. 與繡球過橋技巧動作的連接練習（見戲球篇技巧5）。

5. 與穿越流星技巧動作的連接練習（見戲球篇技巧6）。

6. 與輪盤旋轉技巧動作的連接練習（見戲球篇技巧7）。

技巧三　游龍戲球

各項指標評價

觀賞指數：★★★★★　動作難度：★★★★

一、游龍戲珠——技巧動作說明

兩隻臂膀猶如兩隻調皮的幼龍，在爭搶、在玩耍、在嬉戲一個突然得到的夜明珠，讓它滾動、讓它跳動、讓它若棄若離，揮之不去，招之即來。用身體體驗球的品質，身隨球動，球隨身走，人球一體這是街球中最基本的體驗。這就是本技巧動作要介紹的「游龍戲珠」。聽起來很神奇，但說穿了，其實也不是什麼 big deal（大事兒），就是花球的基本功，球要在身體和雙臂上游走，欲知訣竅所在，詳看本章圖解。

二、游龍戲珠——技巧動作方法

1.雙腳平行站立，雙手持球於手上，雙眼注視球，屏住呼吸，用手指和手掌感覺球體的重心（圖 1）。

圖 1

2.將球向上輕拋，雙手掌心向下，身體重心略前傾，球在兩手背之間，右手微抬給球一點兒力，使球順著左手的手臂滾動，此時，身體微向右轉動，為球在手臂上的滾動產生動力（圖2、圖3a、圖3b）。

圖2

圖3b

圖3a

圖 4

3.當球由手背滾動到前臂時，手臂上抬，球由前臂經上臂滾動到胸前（圖 4、圖 5a）。

圖 5a

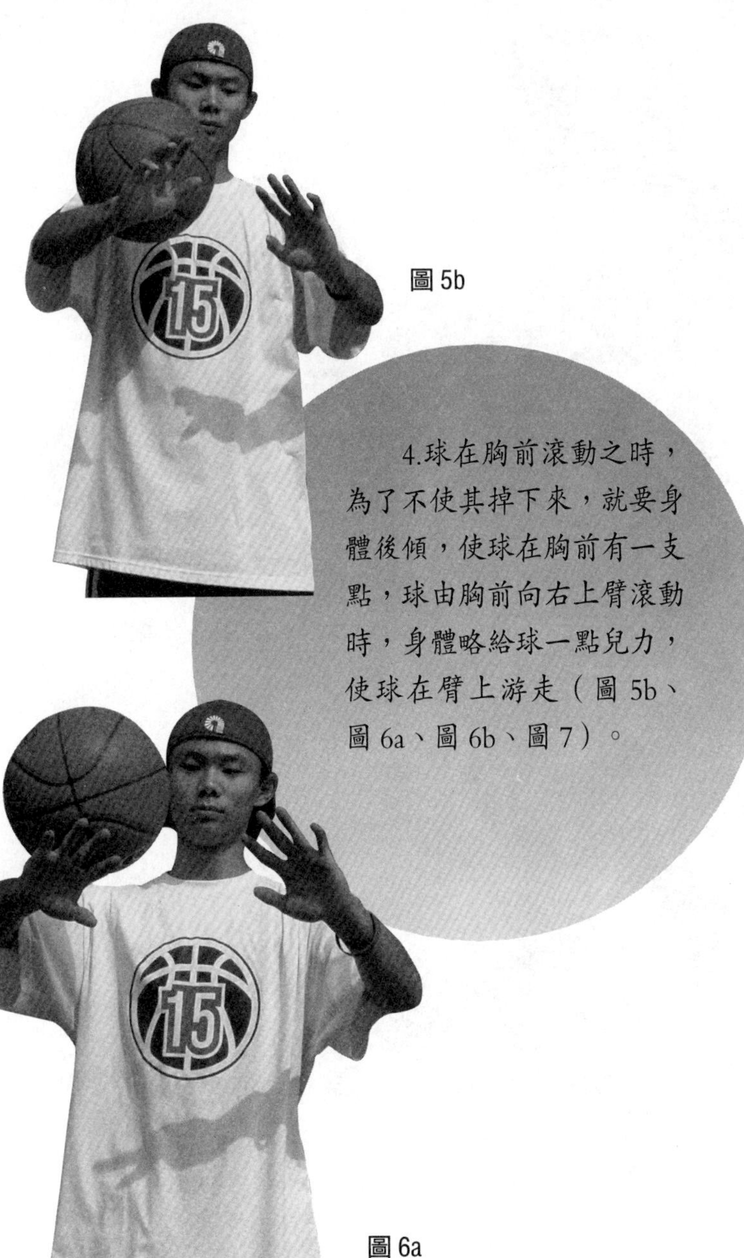

圖 5b

4.球在胸前滾動之時，為了不使其掉下來，就要身體後傾，使球在胸前有一支點，球由胸前向右上臂滾動時，身體略給球一點兒力，使球在臂上游走（圖 5b、圖 6a、圖 6b、圖 7）。

圖 6a

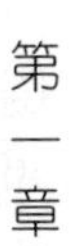

圖 6b

圖 7

5.當球又轉到兩手之間時，左手微沉，球又開始新的循環（圖 8）。

三、游龍戲珠——技巧動作練習方法

要求：游龍戲珠本身是一種相對較難的技術練習，要掌握這一技術必須對球性比較熟悉，特別是身體對球的位置變化要有感覺，並需要不斷的練習，在多次失敗和嘗試中掌握要領。

1. 球在單臂上（左、右臂）的滾動練習。

2. 球在單臂上到胸前的滾動練習。

3. 單圈的轉動，在能夠完成單圈的轉動後，爭取完成多圈練習，使球不掉下來。

4. 實際演練，每天堅持，由生疏到熟練，由熟練到精湛，持之以恆，必有成果。

四、與其他技巧動作的銜接練習

1. 與大紅燈籠高高掛技巧動作的連接練習（見戲球篇技巧1）。

2. 與海豹戲球技巧動作的連接練習（見戲球篇技巧2）。

3. 與神猴獻桃技巧動作的連接練習（見戲球篇技巧4）。

4. 與繡球過橋技巧動作的連接練習（見戲球篇技巧5）。

5. 與穿越流星技巧動作的連接練習（見戲球篇技巧6）。

6. 與輪盤旋轉技巧動作的連接練習（見戲球篇技巧7）。

技巧四 神猴獻桃

各項指標評價

觀賞指數：●●●　動作難度：●●●

一、神猴獻桃——技巧動作說明

想當年孫悟空在花果山稱王稱霸之時，好不威風。逢年過節、各路猴酋長都要前來納貢朝拜，上品仙桃難以尋覓，一旦發現，即時奉上。一招神猴獻桃，喜得美猴王難以自禁，街球這個動作來源於此。在防守者面前來一個「神猴獻桃」，引得防守隊員上前搶球，翻手為球，覆手為傳。本技巧動作的關鍵在圖 3～圖 6，球由手掌到上臂，須仔細模仿練習。

二、神猴獻桃——手上技巧動作方法

1.雙腳平行站立，雙手持球，雙眼注視球體，用手指和手掌感覺球體的重心。（圖 1）

圖1

圖2

2.雙手由下而上使球貼著手掌由指尖向手背滾動（圖2）。

3.要使球從指尖經手腕部位一直滾到前臂中部（圖3、圖4a、圖4b、圖5、圖6。

圖3

圖 4a

圖 4b

圖 5

圖 6

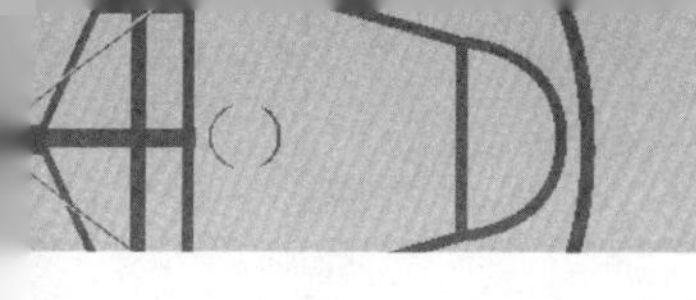

三、神猴獻桃——手上技巧動作練習方法

要求：手上技巧本身即是一種練習方法，只是要掌握這一練習必須對球性比較熟悉，並需要不斷的練習，在多次失敗和嘗試中掌握要領。實際演練，每天堅持，由生疏到熟練，由熟練到精湛，持之以恆，必有成果。

四、與其他技巧動作的銜接練習

1. 與大紅燈籠高高掛技巧動作的連接練習（見戲球篇技巧1）。

2. 與海豹戲球技巧動作的連接練習（見戲球篇技巧2）。

3. 與游龍戲珠技巧動作的連接練習（見戲球篇技巧4）。

4. 與繡球過橋技巧動作的連接練習（見戲球篇技巧5）。

5. 與穿越流星技巧動作的連接練習（見戲球篇技巧6）。

6. 與輪盤旋轉技巧動作的連接練習（見戲球篇技巧7）。

技巧五 繡球過橋

各項指標評價	
觀賞指數：●●	動作難度：●●●

一、繡球過橋技巧動作說明

獅子耍繡球，雄獅起舞，繡球從身前飛到身後，從左側飛到右側，這一技巧動作恰似那被高高拋起的繡球，在街球人的身邊飛舞。這一技巧動作的要訣在於眼睛盡可能不看球，而且球要耍的高，前拋後接，左拋右接，如同帽子戲法一般，依法按照本節圖示練習，即可掌握動作要領。

二、繡球過橋技巧動作方法

1.雙腳平行站立，右手持球於手上，屏住呼吸，用手指和手掌感覺球體的重心（圖 1）。

圖 1

2.將球向左上後輕拋，高度略超過頭頂，身體略向右前轉，眼睛盯著球，右手回收準備向體後接球（圖2、圖3、圖4、圖5）。

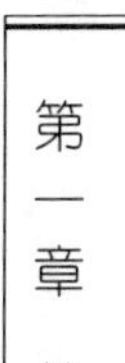

圖2

圖3

圖 4

圖 5

3.當球由頭頂的高度下落時，右手主動迎球，使球落在手掌上，然後再拋球。循環進行練習（圖6、圖7、圖8）。

圖 6

圖 7

圖 8

4.從背後觀察這個技術動作（圖 9、圖 10、圖 11、圖 12）。

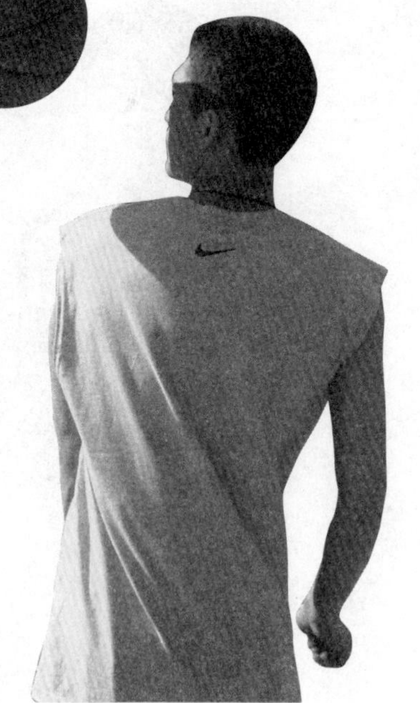

圖 9

圖 10

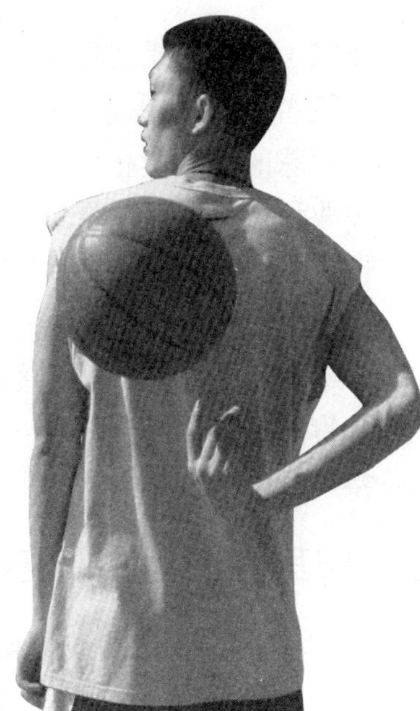

圖 11

圖 12

三、繡球過橋技巧動作練習方法

要求：繡球過橋（拋接球）本身是一種相對比較容易的動作練習，要掌握這一動作必須對球性比較熟悉，特別是身體對球的位置變化要有感覺，並需要不斷的練習，在多次失敗和嘗試中掌握要領。

1. 雙手胸前拋球，雙手背後接球練習。

2. 單手體前拋球，雙手背後接球練習。

3. 單手背面高拋，正面接球練習，使球不掉下來。

4. 實際演練，每天堅持，由生疏到熟練，由熟練到精湛，持之以恆，必有成果。

四、與其他技巧動作的銜接練習

.與大紅燈籠高高掛技巧動作的連接練習（見戲球篇技巧1）。

2. 與海豹戲球技巧動作的連接練習（見戲球篇技巧2）。

3. 與游龍戲珠技巧動作的連接練習（見戲球篇技巧3）。

4. 與神猴獻桃技巧動作的連接練習（見戲球篇技巧4）。

5. 與穿越流星技巧動作的連接練習（見戲球篇技巧6）。

6. 與輪盤旋轉技巧動作的連接練習（見戲球篇技巧7）。

技巧六 穿越流星

各項指標評價

觀賞指數：🏅🏅　動作難度：🏅🏅

一、穿越流星技巧動作說明

流星劃過夜空，給夜幕下的情人留下美好的遐想，一顆顆流星落入蒼穹，給茫茫宇宙間增添無數的神話。球如流星般飛舞，手如飛雲般擾動，展示街球的瞬息變化。這一技巧動作是兩臂的協調配合，一隻上下、一隻左右，徒手即難，持球更難，須細讀本節動作方法及提要，並按圖指引，逐步練習，必須掌握。

二、穿越流星技巧動作方法

1.雙腳平行站立，右手持球於手上，用手指和手掌感覺球體的重心，左手舉起準備，當球拋起時從球底部滑過（圖1）。

圖1

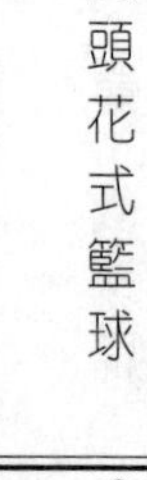

2.當球被拋起時，不持球的手迅速在球底穿過並在球還沒有落到手上之時收回（圖 2、圖 3、圖 4、）。

圖 2

圖 3

圖 4

3.當球再拋起時，右手持續做上下拋球動作，而左手做左右擺動穿越的動作（圖 5、圖 6、圖 7、圖 8）。

圖 5

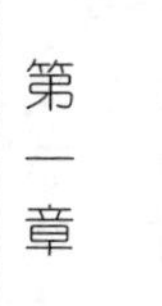

Streetball Streetball

圖 6

圖 7

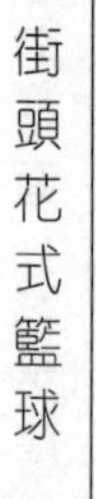

圖 8

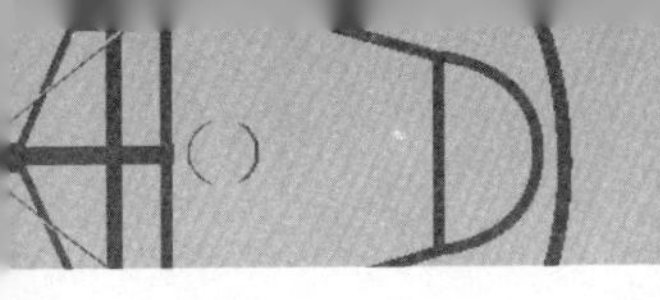

三、穿越流星技巧動作練習方法

要求：穿越技巧動作相對比較簡單，要掌握這一技巧必須身體協調，對球性比較熟悉，兩隻手要協調配合。

1. 做一次性練習，左右手同時練。

2. 在第一練習的基礎上，快速做連續性練習，一隻手拋，不停頓。

四、與其他技巧動作的銜接練習

1. 與大紅燈籠高高掛技巧動作的連接練習（見戲球篇技巧 1）。

2. 與海豹戲球技巧動作的連接練習（見戲球篇技巧 2）。

3. 與游龍戲珠技巧動作的連接練習（見戲球篇技巧 3）。

4. 與神猴獻桃技巧動作的連接練習（見戲球篇技巧 4）。

5. 與繡球過橋技巧動作的連接練習（見戲球篇技巧 5）。

6. 與輪盤旋轉技巧動作的連接練習（見戲球篇技巧 7）。

7. 與懷中攬月技巧動作的連接練習（見戲球篇技巧 8）。

技巧七 輪盤旋轉

各項指標評價

觀賞指數：●●●●●　動作難度：●●●●●

一、輪盤旋轉技巧動作說明

俄羅斯輪盤在旋轉，彩球在盤子裏轉動，容易。但是，還有掉出來的時候，讓球在身體上像在盤子裏一樣滾動，那才是一件快人心扉的COOL事，誰能？我能！街球高手做一個給同伴們看看。輪盤旋轉是一高級trick，把身體做成一轉軸，讓球在上邊轉動，球在轉，人在轉，這裏的感覺已超越了手對球的感覺，是身體對球的感覺，用心感覺球的變化，學會這一招，至少也是街球五段高手。

二、輪盤旋轉巧動作方法

1.雙腳平行站立，身體前屈，頭低下，使肩部成平坦勢，雙手輕拋球，使球落在右手背上（圖1）。

圖1

圖2

2.右手微抬，使球產生滾動之力，並沿著手腕、前臂向上臂和肩頸處滾動（圖2、圖3、圖4）。

圖3

圖4

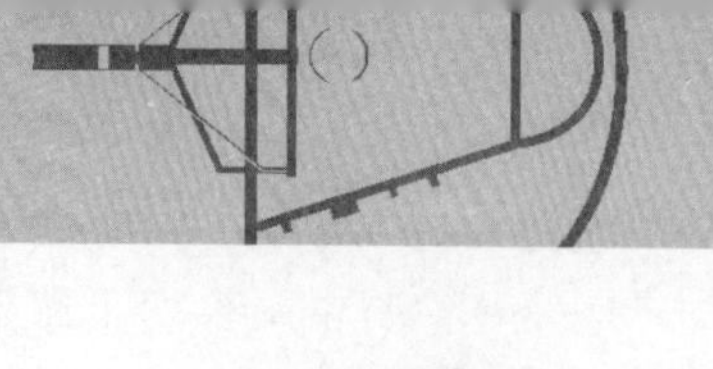

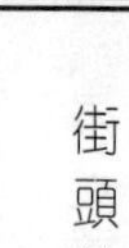

圖 5a

圖 5b

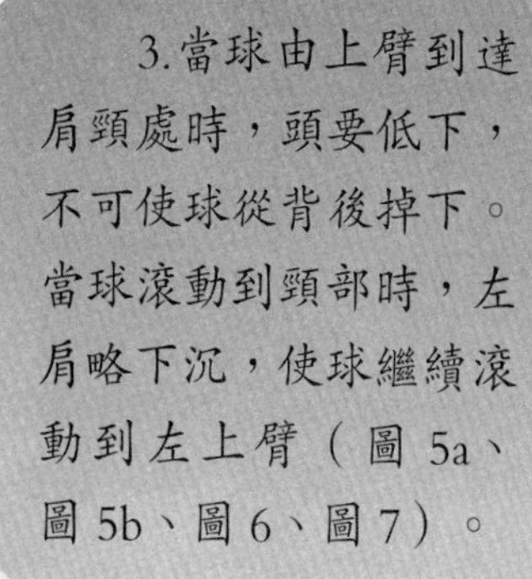

3.當球由上臂到達肩頸處時，頭要低下，不可使球從背後掉下。當球滾動到頸部時，左肩略下沉，使球繼續滾動到左上臂（圖 5a、圖 5b、圖 6、圖 7）。

圖 6

圖 7

圖 8

圖 9

4.當球到達左手腕時，右手與左手交接成圓形，以利球的繼續滾動（圖 8、圖 9）。

三、輪盤旋轉技巧動作練習方法

要求：輪盤旋轉技巧動作需要良好的球感和身體對球的感覺。當球在手臂上和身體上滾動時，關鍵在於身體要隨著球的位置的變化而調整，不斷感覺到球的重心，使其能夠穩定在身體上。此技巧需要不斷的練習，在多次失敗和嘗試中掌握要領。

1. 雙手輕拋球使球落在右手背上，並沿著右手臂滾動到肩部。

2. 在第一練習的基礎上，低頭使球滾動到肩部，用身體的重心調整，使球繼續向左臂前行而不掉下來。

3. 完整練習，實際演練，每天堅持，由生疏到熟練，由熟練到精湛，持之以恆，必有成果。

四、與其他技巧動作的銜接練習

1. 與大紅燈籠高高掛技巧動作的連接練習（見戲球篇技巧1）。

2. 與海豹戲球技巧動作的連接練習（見戲球篇技巧2）。

3. 與游龍戲珠技巧動作的連接練習（見戲球篇技巧3）。

4. 與神猴獻桃技巧動作的連接練習（見戲球篇技巧4）。

5. 與繡球過橋技巧動作的連接練習（見戲球篇技巧5）。

6. 與懷中攬月技巧動作的連接練習（見戲球篇技巧8）。

技巧八　懷中攬月

各項指標評價

觀賞指數：🏅🏅🏅🏅🏅　動作難度：🏅🏅🏅🏅

一、懷中攬月——技巧動作說明

球場邊、球迷前，一隻籃球轉眼之間就不見了，擺一個 pose（姿勢），玩一個花樣，讓球在衣服裏走一圈，在腰間滾動、用身體體驗球的動感。就如同街球者的胸懷一樣，寬闊無垠，容納百川。這一懷中攬月技巧動作的關鍵是球從前面進入衣服內，圍繞身體轉一圈再從前邊出來，沒有無數次的磨練難以達到這一境界，要想學得快，練得好，根據本圖解，一招一式認真練習，必能掌握要領。

二、懷中攬月技巧動作方法

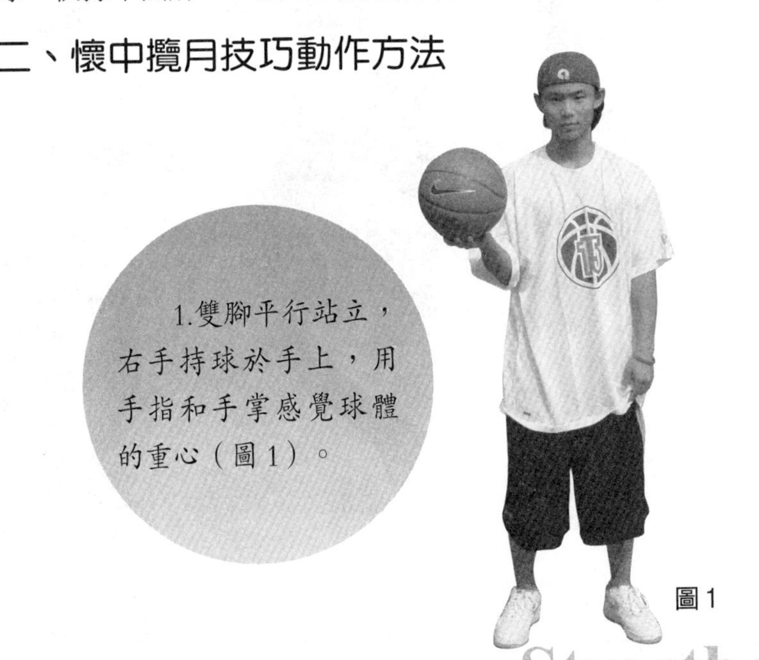

1.雙腳平行站立，右手持球於手上，用手指和手掌感覺球體的重心（圖1）。

圖1

2.將球向地面兩腳之間用力拍下，左手迅速將寬大之 T-shirt 上衣掀開，欲將球包入衣下（圖 2、圖 3、圖 4）。

圖 2

圖 3

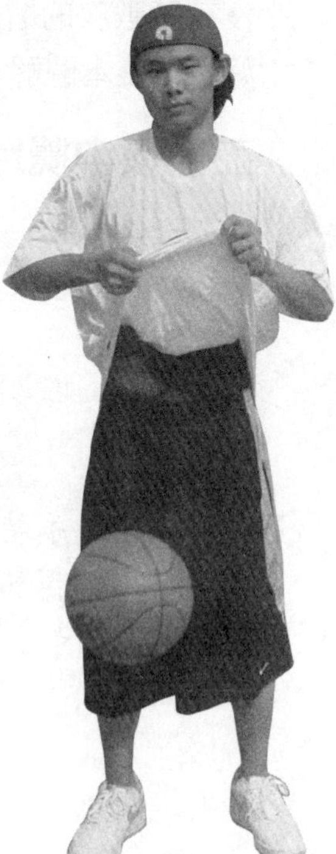

圖 4

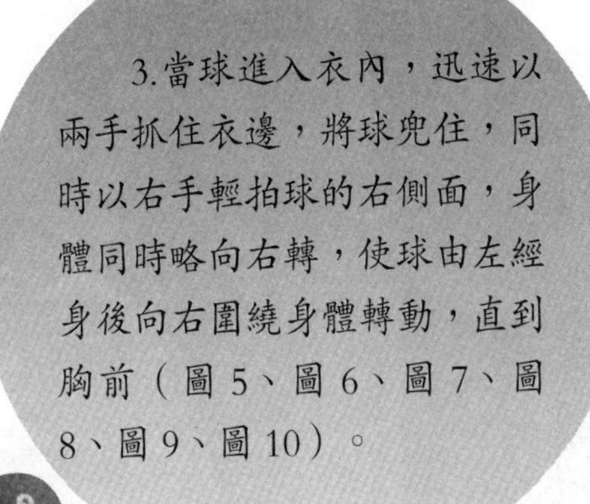

3.當球進入衣內，迅速以兩手抓住衣邊，將球兜住，同時以右手輕拍球的右側面，身體同時略向右轉，使球由左經身後向右圍繞身體轉動，直到胸前（圖5、圖6、圖7、圖8、圖9、圖10）。

圖5

圖6

圖7

圖 8

圖 9

圖 10

三、懷中攬月技巧動作練習方法

要求：懷中攬月技術動作需要穿比較寬大的T-shirt（T恤），要掌握這一技術必須對球性比較熟悉，特別是身體對球的位置變化要有感覺，並需要不斷的練習，在多次失敗和嘗試中掌握要領。

1. 拍球彈起後快速用衣服兜球練習。

2. 在前一練習的基礎上，快速用右手拍擊球，使球在衣服內圍繞身體轉動，不掉下來。

3. 完整練習，實際演練，每天堅持，由生疏到熟練，由熟練到精湛，持之以恆，必有成果。

四、與其他技巧動作的銜接練習

1. 與大紅燈籠高高掛技巧動作的連接練習（見戲球篇技巧1）。

2. 與海豹戲球技巧動作的連接練習（見戲球篇技巧2）。

3. 與游龍戲珠技巧動作的連接練習（見戲球篇技巧3）。

4. 與神猴獻桃技巧動作的連接練習（見戲球篇技巧4）。

5. 與繡球過橋技巧動作的連接練習（見戲球篇技巧5）。

6. 與輪盤旋轉技巧動作的連接練習（見戲球篇技巧7）。

技巧九 韓信點兵

各項指標評價

觀賞指數：🏅　動作難度：🏅🏅

一、韓信點兵技巧動作說明

楚漢相爭，劉邦屢敗，漢軍無帥才，多虧丞相蕭何，月下追韓信，為漢軍尋到領軍人物。韓信點兵，快而準、準而齊，且多多益善。這一技巧動作需要快、準、齊、多，練的就是手上功夫。需要圍繞雙腿前後快速點拍運球，圖解說明如下。

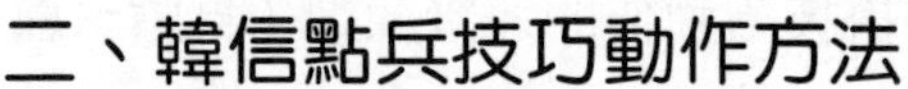

二、韓信點兵技巧動作方法

1.雙腳平行開立，身體前屈，以左手運球於左腳前，快速用手指手腕拍擊球，並使球向兩腿之間移動（圖1、圖2、圖3）。

圖1

圖 2

圖 3

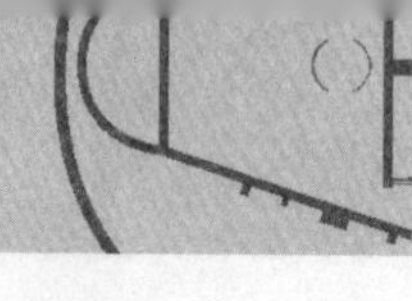

2.將球運到兩腿之間時，右手從體後接拍球，並使球由右腿後部經體側到體前（圖4、圖5、圖6、圖7、圖8）。

圖4

圖5

圖6

圖 7

圖 8

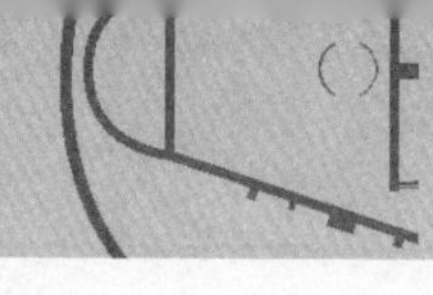

3.當球運到體前時，再交由左手繼續運球（圖 9、圖 10）。

圖 9

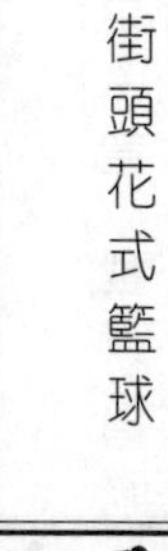

圖 10

三、韓信點兵技巧動作練習方法

要求：這個練習需要屈膝、彎腰、重心下降，熟練後可與十指彈點練習結合進行。

1. 原地體前左右手低運球。

2. 在前一練習的基礎上，原地體後左右手低運球。

四、與其他技巧動作的銜接練習

1. 與懷中攬月技巧動作的連接練習（見戲球篇技巧8）。

2. 與十指彈點動作的連接練習（見戲球篇技巧10）。

3. 與蝴蝶穿花技巧動作的連接練習（見戲球篇技巧11）。

4. 與足踏球花技巧動作的連接練習（見戲球篇技巧12）。

5. 與胯下流星閃動技巧動作的連接練習（見戲球篇技巧13）。

6. 與背後 CROSSOVER 技巧動作的連接練習（見戲球篇技巧14）。

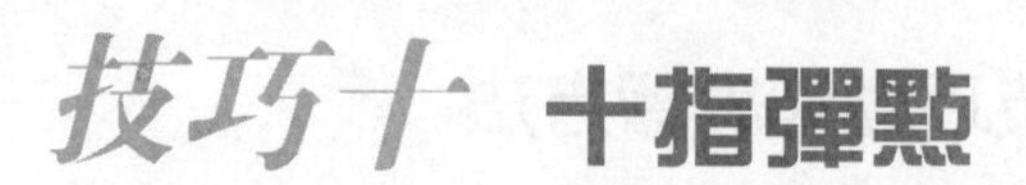

技巧十 十指彈點

各項指標評價

觀賞指數：　動作難度：

一、十指彈點動作說明

悠哉，悠哉，球場邊、大樹下，信手掂來一隻籃球，把玩之中甚感快意，用每一個手指感覺球的力度，如同一個鋼琴家在演奏柴可夫斯基的圓舞曲，將心靈的感受透過指尖傳遞到鋼琴上。透過指尖，也將對籃球的酷愛傳遞出來。這一練習既輕鬆，又愉快，詳看以下圖解便知其中奧妙。

二、十指彈點動作方法

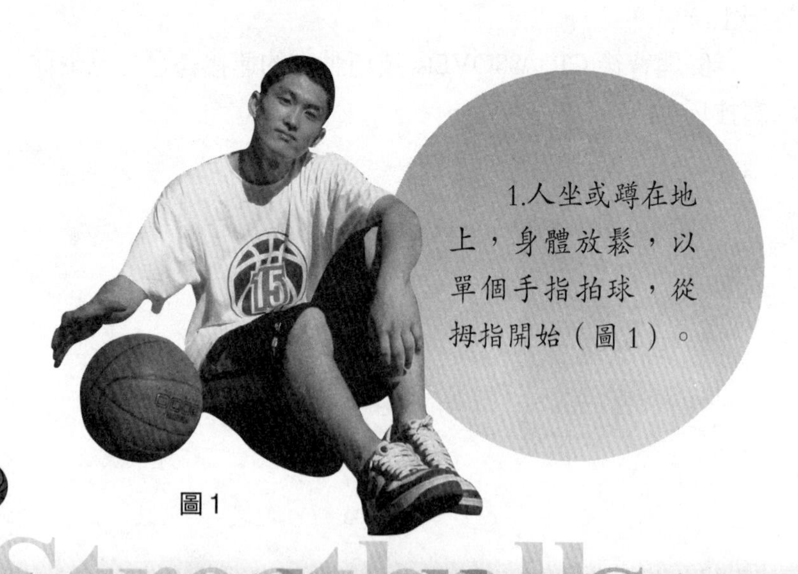

1.人坐或蹲在地上，身體放鬆，以單個手指拍球，從拇指開始（圖 1）。

圖 1

圖 2a

2.拇指拍點疲勞後，依次輪換食指、中指、無名指和小指（圖 2a、圖 2b、圖 3、圖 4、圖 5、）。

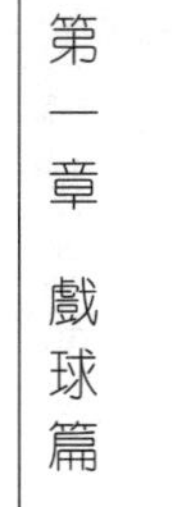

圖 2b

圖 3

圖 4

圖 5

三、十指彈點動作練習方法

要求：十指彈點本身即是一種練習球感和運球的方法，關鍵在於有耐心，長期堅持練習。

四、與其他技巧動作的銜接練習

1. 與懷中攬月技巧動作的連接練習（見戲球篇技巧8）。

2. 與韓信點兵技巧動作的連接練習（見戲球篇技巧9）。

3. 與蝴蝶穿花技巧動作的連接練習（見戲球篇技巧11）。

4. 與足踏球花技巧動作的連接練習（見戲球篇技巧12）。

5. 與胯下流星閃動技巧動作的連接練習（見戲球篇技巧13）。

6. 與背後 CROSSOVER 技巧動作的連接練習（見戲球篇技巧 14）。

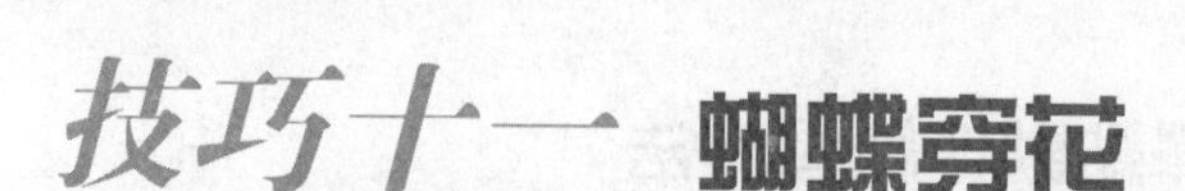

技巧十一 蝴蝶穿花

各項指標評價

觀賞指數：🏅🏅　動作難度：🏅🏅

一、蝴蝶穿花運球技巧動作說明

兩隻手像蝴蝶一樣飛舞，前後、上下、左右，籃球在地面上跳動，心情像鮮花一樣綻放，越來越快、越來越快。當你分不清哪隻是左手，哪隻是右手時，人與球、球與人已融為一體。蝴蝶穿花有別於韓信點兵，兩隻手輪流拍球，而且球要拍的低，離地寸餘。關鍵在於每拍一次球，每隻手都要從體前換到體後，或從體後換到體前，方法詳看以下圖解便知。

二、蝴蝶穿花運球技巧動作方法

圖1

1.雙腳平行開立，身體前屈，雙膝彎曲，重心下降，低拍球於兩腿之間，要用極快的頻率，每隻手每次只能拍一次球（圖1、圖2、圖3）。

圖 2

圖 3

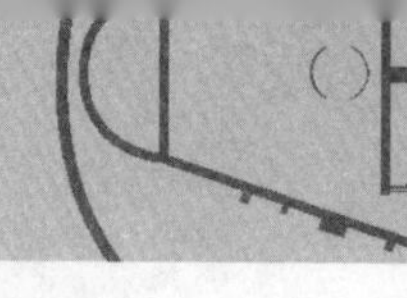

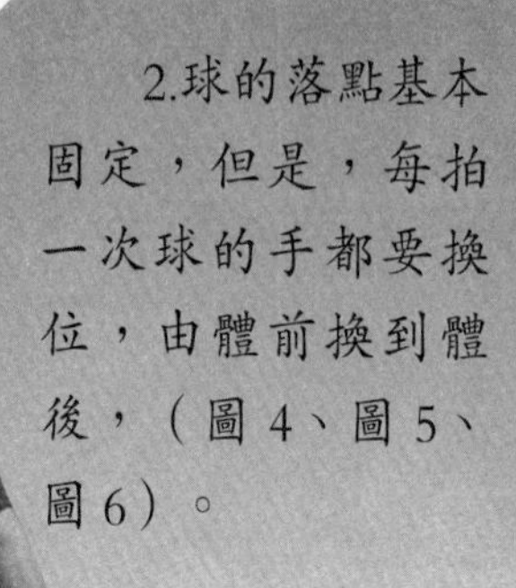

2.球的落點基本固定，但是，每拍一次球的手都要換位，由體前換到體後，（圖4、圖5、圖6）。

圖4

圖5

圖 6

圖 7

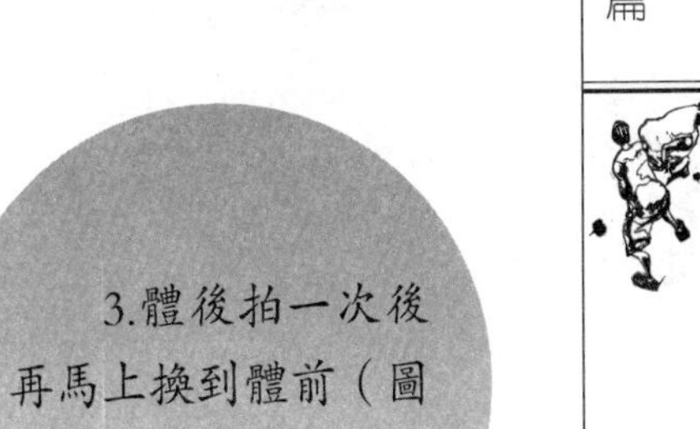

3.體後拍一次後再馬上換到體前（圖7、圖8、圖9）。

圖 8

圖 9

三、蝴蝶穿花運球技巧動作練習方法

要求：這個練習需要屈膝、彎腰、重心下降，雙腿一直處於半蹲狀態，每拍一次球後要換手，同時要換位。如果右手拍球時在體前，拍後就要立刻換到體後，左手由體後變到體前拍球。

1. 原地體前左右手低拍球。

2. 原地一隻手體前、一隻手體後低拍球。

3. 中速高拍球練習該技巧動作。

四、與其他技巧動作的銜接練習

1. 與懷中攬月技巧動作的連接練習（見戲球篇技巧8）。

2. 與十指彈點技巧動作的連接練習（見戲球篇技巧10）。

3. 與蝴蝶穿花技巧動作的連接練習（見戲球篇技巧11）。

4. 與足踏球花技巧動作的連接練習（見戲球篇技巧12）。

5. 與胯下流星閃動技巧動作的連接練習（見戲球篇技巧13）。

6. 與背後 CROSSOVER 技巧動作的連接練習（見戲球篇技巧14）。

技巧十二　足踏球花

各項指標評價

觀賞指數：🏅🏅🏅　動作難度：🏅🏅🏅

一、足踏球花技巧動作說明

滑水隊員馳騁在廣闊的水面上，腳下波濤翻滾，浪花飛濺，方顯英雄本色。街球朋友雖不能風馳電掣，但也可以腳下球花翻滾，悠然自得。球要落得準，腿要抬得快，手腳要配合好，節奏要平穩，快了不行，慢了不行，要的就是這個勁兒。球要找準落地點，正好落在腳抬起的地方，球落腳抬，腳落球起，腳與球的起落交相輝映，徒增幾分典雅。

二、足踏球花技巧動作方法

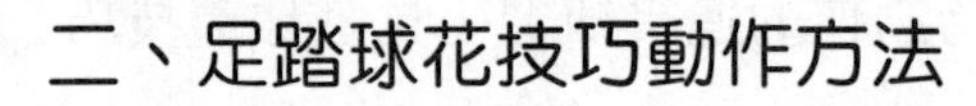

1.雙腳平行開立，身體放鬆，保持正直，手指、手腕用力在體側拍球，感覺到球的落點（圖1）。

圖1

2.以左手指、手腕之力將球拍到身後左腳跟後部，此時左腿後踢，在左腿後踢的瞬間，球落在地上並反彈到身體右後側，以右手兜住球（圖 2、圖 3、圖 4、圖 5）。

圖 2

圖 3

圖 4

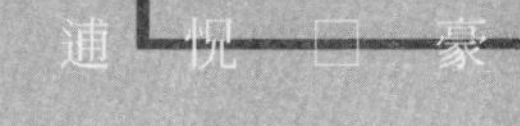

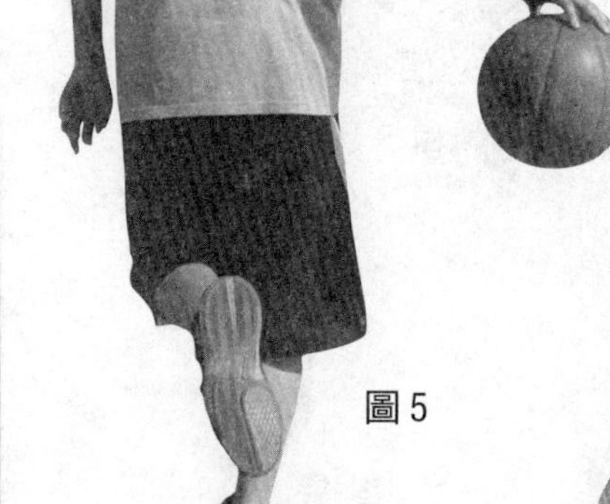

圖5

3.右手繼續將球拍運到右腳後，同時右腿後踢使球落到右腳後側（圖6、圖7、圖8、圖9a、圖9b、圖10、圖11）。

圖6

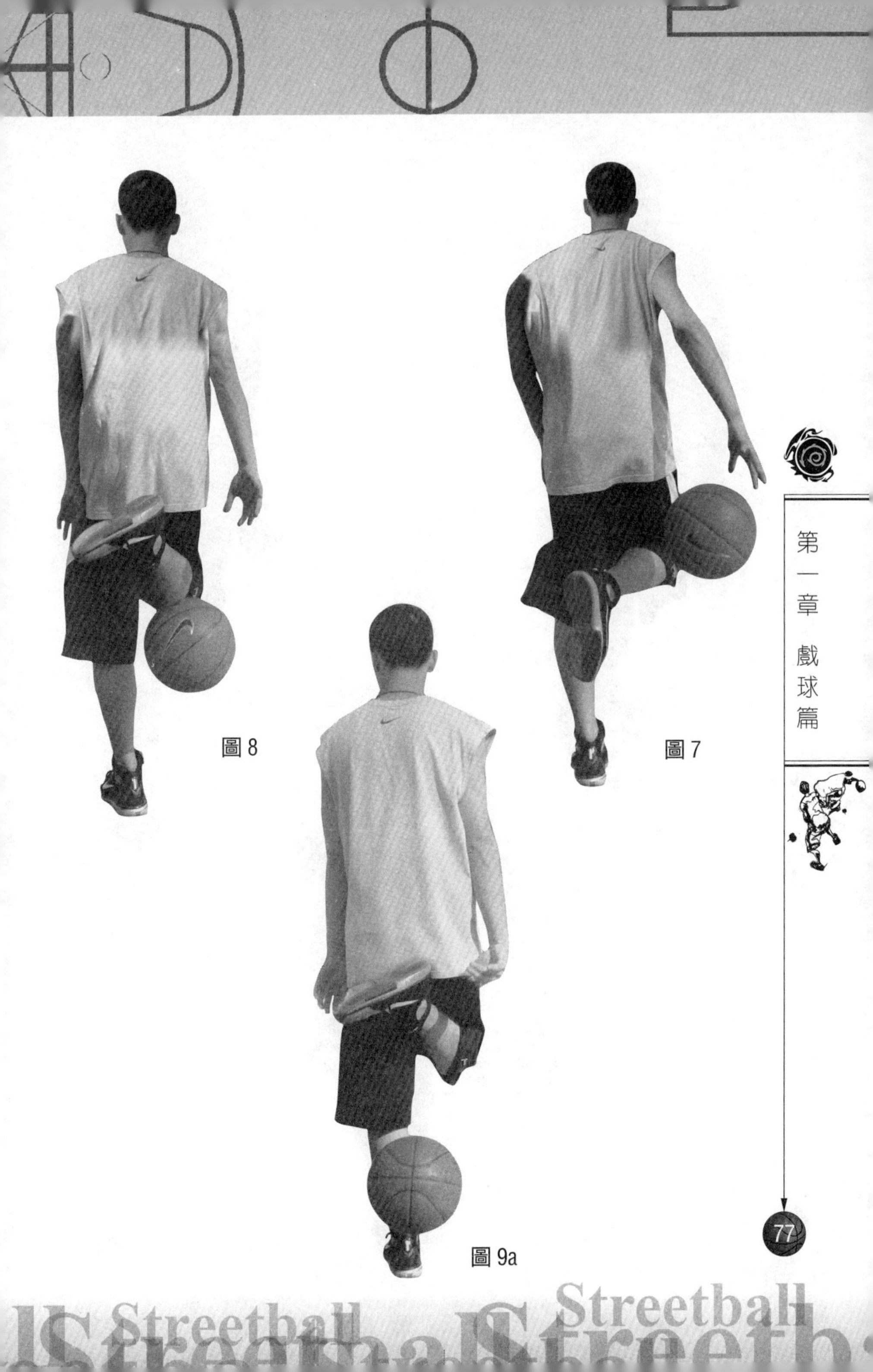

圖 8

圖 7

圖 9a

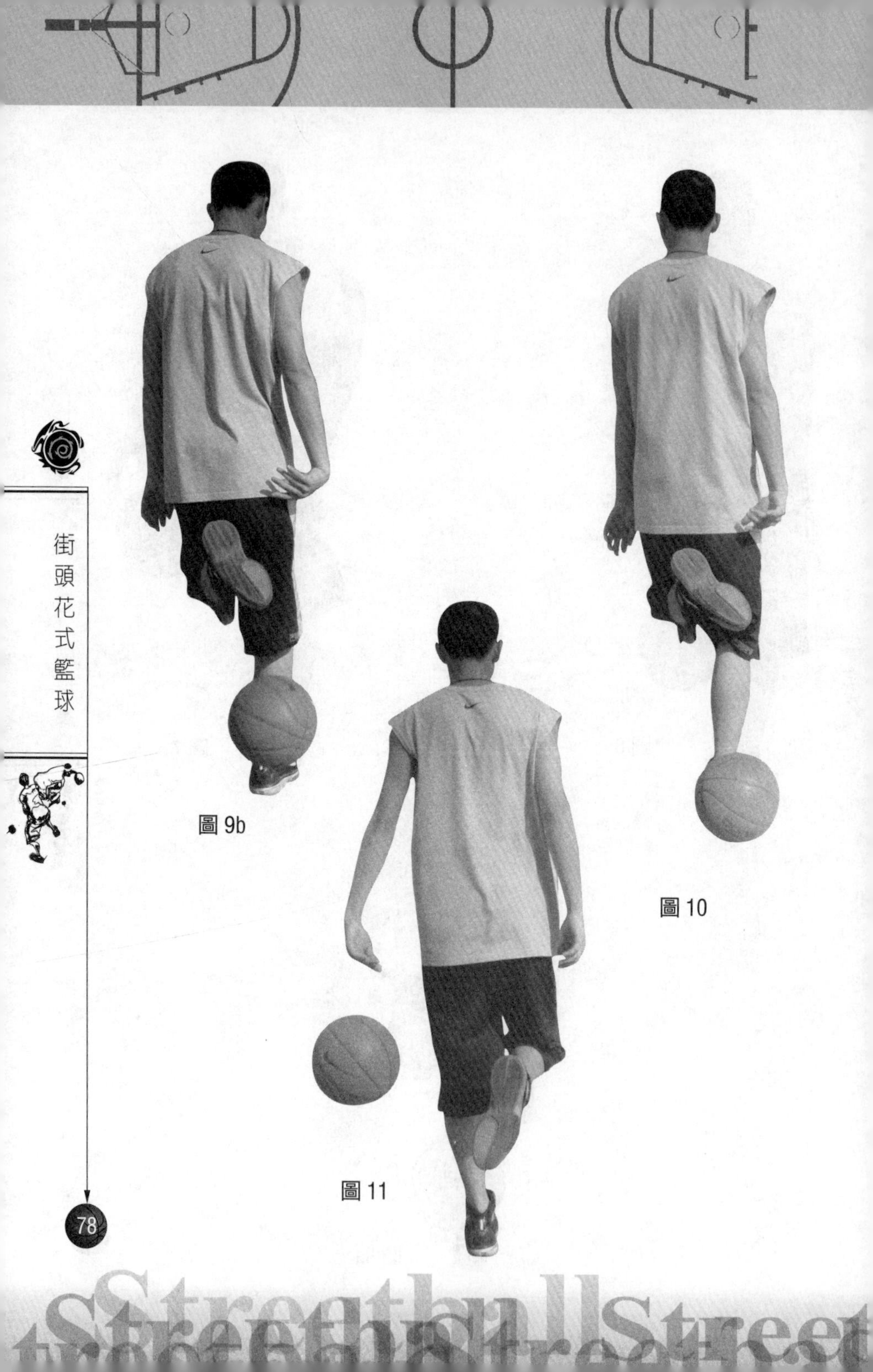

圖 9b

圖 10

圖 11

三、足踏球花技巧動作練習方法

要求：這個動作看似簡單，其實比較難，需要良好的球感和手指、手腕對球的控制能力，並準確估計到球的落點和反彈方向。

1. 原地體前變向左右手運球。

2. 在前一練習的基礎上，原地體後左右手運球，借助眼睛的餘光看球。

3. 不看球的後踢腿變向運球。

四、與其他技巧動作的銜接練習

1. 與懷中攬月技巧動作的連接練習（見戲球篇技巧8）。

2. 與韓信點兵技巧動作的連接練習（見戲球篇技巧9）。

3. 與十指彈點技巧動作的連接練習（見戲球篇技巧10）。

4. 與蝴蝶穿花技巧動作的連接練習（見戲球篇技巧11）。

5. 與流星閃動技巧動作的連接練習（見戲球篇技巧13）。

6. 與背後 CROSSOVER 技巧動作的連接練習（見戲球篇技巧14）。

技巧十三 流星閃動

各項指標評價

觀賞指數：🏅🏅　動作難度：🏅🏅

一、流星閃動技巧動作說明

CROSSOVER 技巧動作千變萬化，身前後、體左右、胯下、背後，左右手反向，均可產生不同的組合，關鍵在於速率，身體做一個動作的同時，左右手已各拍兩次以上的球。球要像流星一樣快，手要像風一樣靈敏，勁風過後，流星已逝。它要求雙腿交換快，兩手拍球快，球走得快。如果要知快的巧和妙，且看圖中分解。

二、流星閃動技巧動作方法

1.雙腳前後開立，身體前傾，雙膝彎曲，重心下降，左手低拍球於身體左側兩腿之間，將球通過胯下拍運到身體右側（圖1、圖2、圖3、圖4）。

圖1

圖 2

圖 3

圖 4

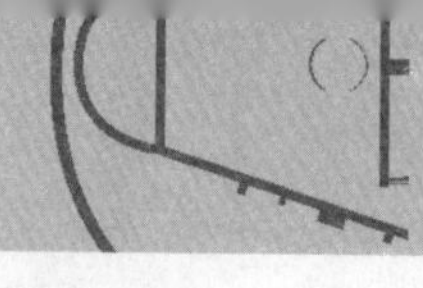

2.當球到達身體右側時，右後腳蹬地，前跨步，左腳後撤，兩腿交叉換位（圖5、圖6）。

圖5

圖6

圖7

3.右手同時將球再拍回到身體左側時，雙腿原地再做交叉換位。球每變向一次，兩腿交換一次，速度越快越好（圖7、圖8、圖9、圖10）。

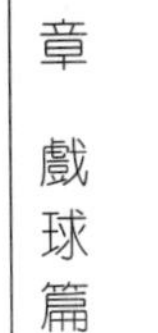

圖8

圖 9

圖 10

三、流星閃動技巧動作練習方法

要求：這個練習需要屈膝、重心下降，雙腿一直處於弓箭步、半蹲狀態。每拍一次球後要弓箭步兩腳換位，要快速有節奏。

1. 原地弓箭步胯下變相運球。

2. 原地體側運球，體會兩腿弓箭步換位。

3. 中、慢速動作連續練習。

四、與其他技巧動作的銜接練習

1. 與蝴蝶穿花技巧動作的連接練習（見戲球篇技巧11）。

2. 與足踏球花後踢腿運球技巧動作的連接練習（見戲球篇技巧 12）。

3. 與背後 CROSSOVER 技巧動作的連接練習（見戲球篇技巧 14）。

4. 與鹹魚翻身技巧動作的連接練習（見戲球篇技巧15）。

5. 與過山車運球技巧動作的連接練習（見戲球篇技巧16）。

6. 與背越穿梭運球技巧動作的連接練習（見戲球篇技巧 17）。

技巧十四 背後CROSSOVER運球

各項指標評價

觀賞指數：●●●　動作難度：●●●●●

一、背後 CROSSOVER 運球技巧動作說明

眼睛看著比賽，手裏在玩耍著各種球技。每接觸一次球，就知道球所在的位置和它要跑動的方向，所以，不用再看球了，還要看比賽呢，就讓它在身體後邊自由地跳動、玩耍吧。這就是背後 CROSSOVER 的益處所在。比賽中，球在身後躲藏，身體在前，更容易迷惑對手，晃左突右，閃右走左，讓對手難以防範，要瞭解本技巧動作是如何進行的，請看圖示。

二、背後 CROSSOVER 運球技巧動作方法

1.雙腳平行開立，身體保持正直，雙膝彎曲，重心下降，以左手運球於身體左側後部（圖 1、圖 2、圖 3）。

圖 1

圖 2

圖 3

圖 4

圖 5

圖 6

2.以手指、手腕撥球，將球拍到身後兩腿之間，右手放到身後準備接拍球（圖 4、圖 5、圖 6）。

圖 7

圖 8

圖 9

3.當球運到體後右側時，再交由右手繼續將球拍運到左側（圖 7、圖 8、圖 9）。

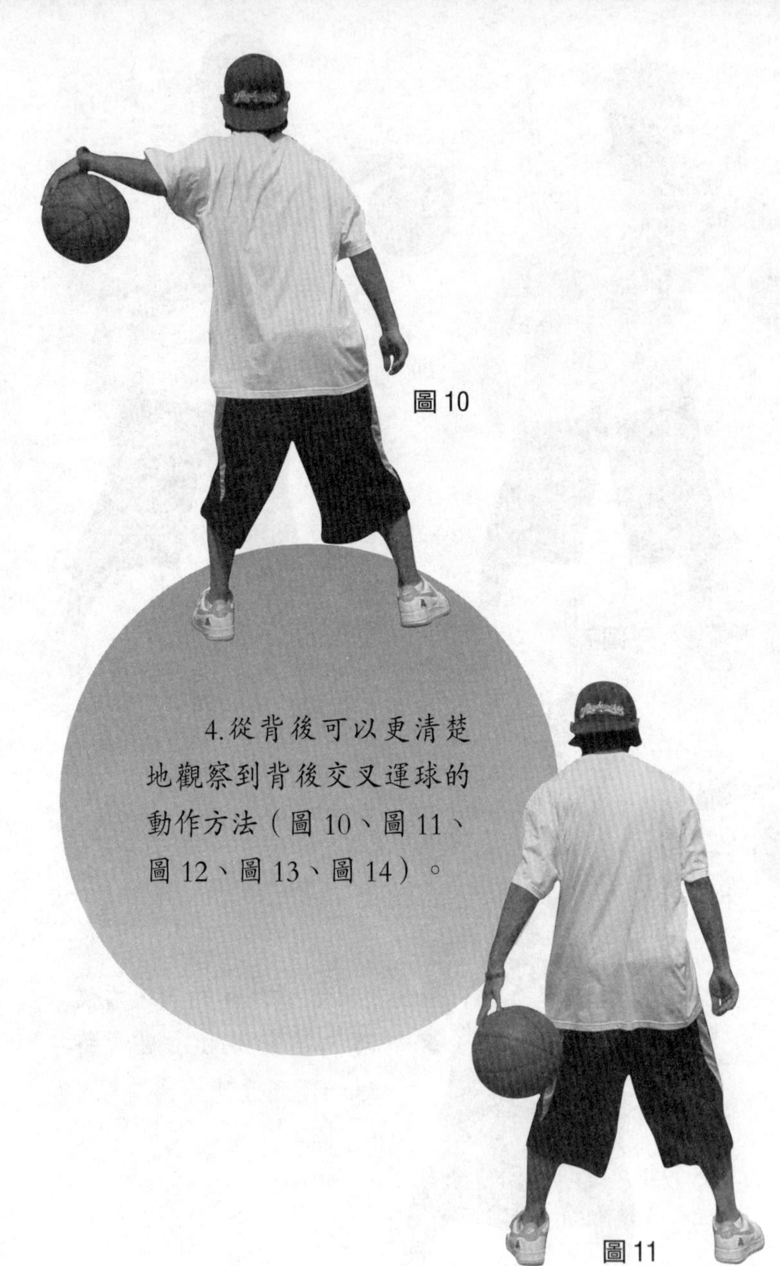

圖 10

4.從背後可以更清楚地觀察到背後交叉運球的動作方法（圖 10、圖 11、圖 12、圖 13、圖 14）。

圖 11

圖 12
圖 13
圖 14

三、背後 CROSSOVER 運球技巧動作練習方法

要求：這個動作看著簡單，其實比較難，需要良好的球感和手指、手腕對球的控制能力，並準確估計到球的落點和反彈方向，並需要不斷摸索，掌握技巧。

1. 原地體前變向左右手運球。

2. 在前一練習的基礎上，原地體後左右手運球，借助眼睛的餘光看球。

3. 不看球的體後交叉變向運球。

四、與其他技巧動作的銜接練習

1. 與蝴蝶穿花技巧動作的連接練習（見戲球篇技巧11）。

2. 與足踏球花後踢腿運球技巧動作的連接練習（見戲球篇技巧12）。

3. 與胯下流星閃動技巧動作的連接練習（見戲球篇技巧13）。

4. 與鹹魚翻身技巧動作的連接練習（見戲球篇技巧15）。

5. 與過山車運球技巧動作的連接練習（見戲球篇技巧16）。

6. 與背越穿梭運球技巧動作的連接練習（見戲球篇技巧17）。

技巧十五 鹹魚翻身

各項指標評價

觀賞指數：🏅🏅🏅🏅　動作難度：🏅🏅🏅🏅🏅

一、鹹魚翻身滾翻運球技巧動作說明

街球技術來源於正式比賽，有些技術又高於它的正門師兄，街舞是它的旁門師姐。大家圍成一圈，比試一下，下場走走，看誰能把球舞跳得好。你的鯉魚躍龍門、他的獅子耍繡球、我的鹹魚翻身，朋友一起來歡樂，這就是街球的氛圍。鹹魚翻身需要具備體操動作的基礎，對靈敏、柔韌、靈活性要求高，街舞跳得好，更容易掌握，按照圖示1～圖10模仿練習，循序漸進，必能得其精髓。

二、鹹魚翻身滾翻運球技巧動作方法

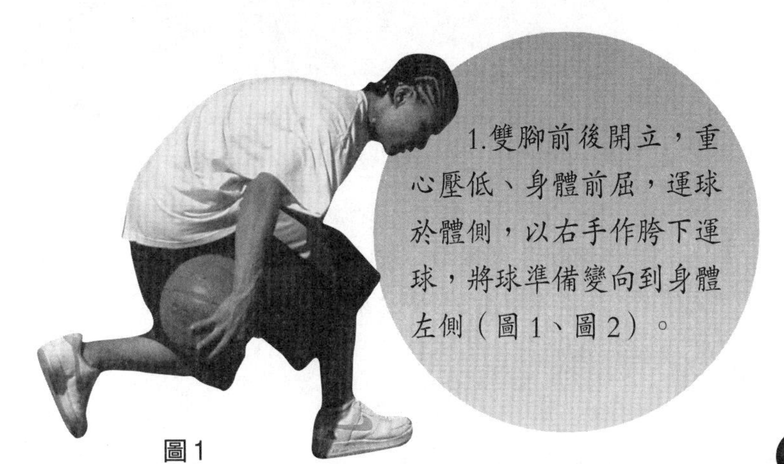

1.雙腳前後開立，重心壓低、身體前屈，運球於體側，以右手作胯下運球，將球準備變向到身體左側（圖1、圖2）。

圖1

圖 2

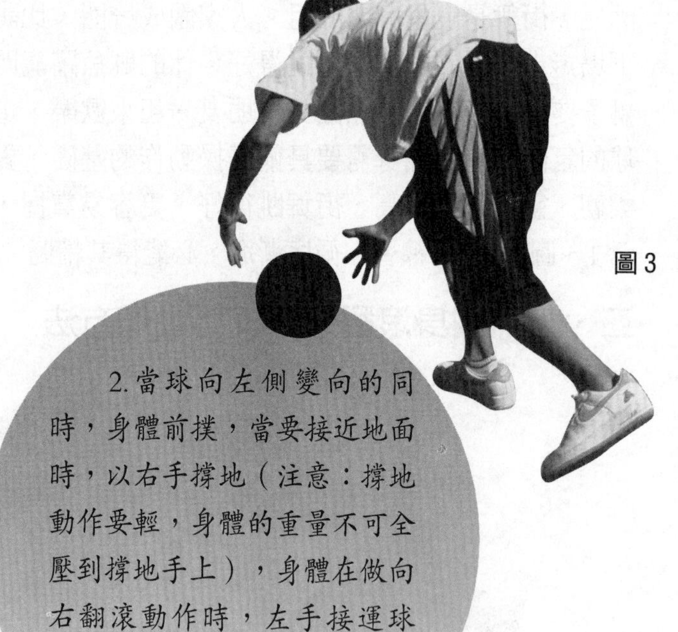

圖 3

2. 當球向左側變向的同時，身體前撲，當要接近地面時，以右手撐地（注意：撐地動作要輕，身體的重量不可全壓到撐地手上），身體在做向右翻滾動作時，左手接運球（圖 3、圖 4、圖 5、圖 6）。

圖 4

圖 5

圖 6

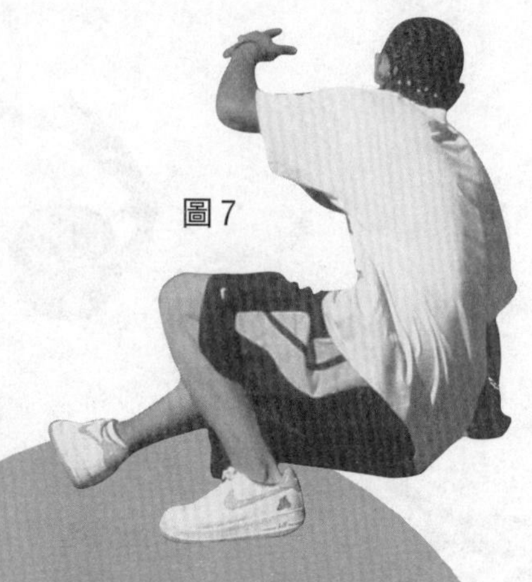

圖 7

3.這時身體還處於坐躺地面上，左手拍球，此時，右手收回不再撐地，從球的底部抄球向上翻轉身運到體前（圖 7、圖 8、圖 9a）。

圖 8

圖 9a

4.當右手帶球轉過身來時，動作要連續進行，身體在空中打挺的動作出現，這也是這一技巧動作最難的環節（圖 9b、圖 10）。

圖 9b

圖 10

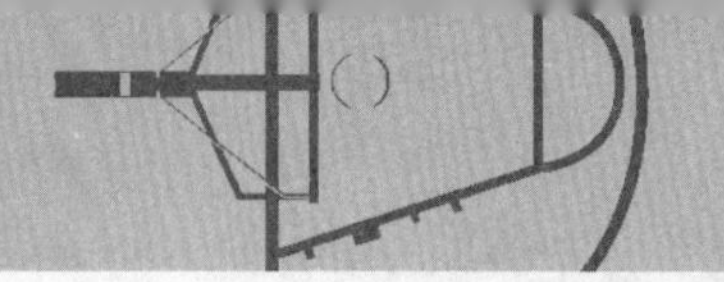

三、鹹魚翻身滾翻運球技巧動作練習方法

要求：這個動作需要掌握各種原地和行進間運球技巧，對身體的協調性、靈活性要求較高。

1. 原地體前變向運球、轉身運球。

2. 在前一練習的基礎上，行進間轉身運球。

3. 街舞翻滾動作練習。

4. 自由體操各項動作練習。

四、與其他技巧動作的銜接練習

1. 與蝴蝶穿花技巧動作的連接練習（見戲球篇技巧 11）。

2. 與足踏球花後踢腿運球技巧動作的連接練習（見戲球篇技巧 12）。

3. 與流星閃動技巧動作的連接練習（見戲球篇技巧 13）。

4. 與背後 CROSSOVER 運球技巧動作的連接練習（見戲球篇技巧 14）。

5. 與過山車運球技巧動作的連接練習（見戲球篇技巧 16）。

6. 與背越穿梭運球技巧動作的連接練習（見戲球篇技巧 17）。

技巧十六 過山車

各項指標評價

觀賞指數：🏅🏅🏅　　動作難度：🏅🏅🏅

一、過山車運球技巧動作說明

本技巧動作的高超之處是體後變向的球路走的是肩上，操作不當，極易二運。球像過山車一樣，從肩後斜滑下來，關鍵在圖 5、圖 6、圖 7，學了它，可以使你的過人動作更具多樣性。

二、過山車運球技巧動作方法

1.準備姿勢，雙腳平行開立，右手運球於體側，雙膝彎曲（圖 1）。

圖 1

圖 2

2.右腳斜前跨步，重心下降，身體前壓，以右手運球於身體右側（圖 2、圖 3）。

圖 3

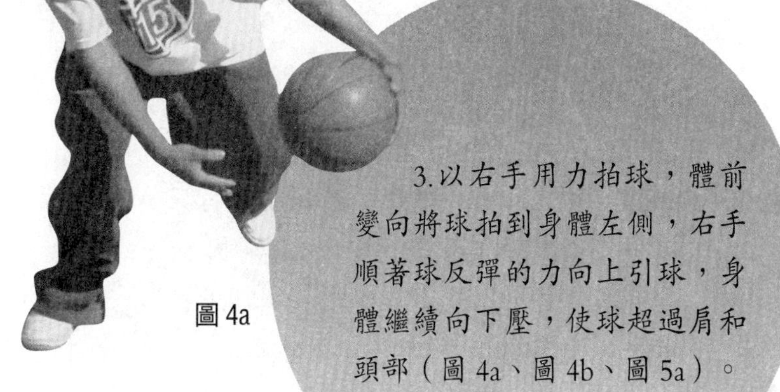

圖 4a

3.以右手用力拍球，體前變向將球拍到身體左側，右手順著球反彈的力向上引球，身體繼續向下壓，使球超過肩和頭部（圖 4a、圖 4b、圖 5a）。

圖 4b

圖 5a

4.當球超過肩和頭部時，身體向左上旋轉，左手從肩後向下和身體右側撥球（圖 5b、圖 6、圖 7、圖 8）。

圖 5b

圖 6

圖 7

圖 8

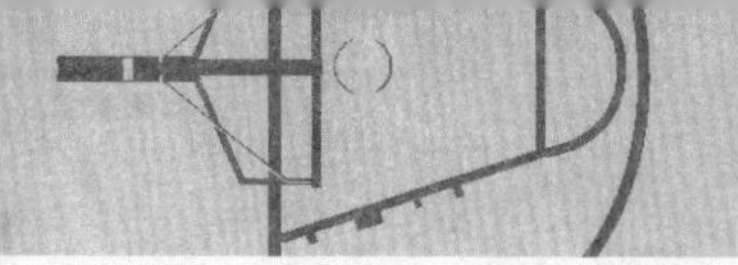

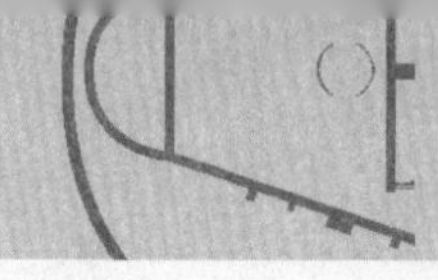

三、過山車運球技巧動作練習方法

要求：這個技巧動作需要良好的球感和手指、手腕對球的控制能力，並準確估計到球的落點和反彈方向，並需要不斷摸索，掌握技術。

1. 原地體前變向，左右手運球。
2. 分解練習，不變向，直接背後拋拍球。
3. 完整的慢動作練習。

四、與其他技巧動作的銜接練習

1. 與蝴蝶穿花技巧動作的連接練習（見戲球篇技巧11）。

2. 與足踏球花後踢腿運球技巧動作的連接練習（見戲球篇技巧12）。

3. 與流星閃動技巧動作的連接練習（見戲球篇技巧13）。

4. 與背後CROSSOVER運球技巧動作的連接練習（見戲球篇技巧14）。

5. 與鹹魚翻身運球技巧動作的連接練習（見戲球篇技巧15）。

6. 與背越穿梭運球技巧動作的連接練習（見戲球篇技巧17）。

技巧十七 背越穿梭

各項指標評價

觀賞指數：🏅🏅　動作難度：🏅🏅

一、背越穿梭技巧動作說明

在籃球比賽中，運球引導著這項運動向更加豐富多彩的方向發展。許多球類項目沒有球伴隨人一同的位置變化，例如，排球、撞球等。所以，這些運動看起來就比較單調，觀眾的熱情不高，難以受到市場的追捧。而籃球的技術動作中運球可以銜接傳球和投籃，運球本身也是變化無窮。涉及到運球變化的因素眾多，原地與行進間、拍球的高低、球的落點與身體位置的關係、左右手拍球的方向等均可以產生千變萬化的組合。背越穿梭是一種比較複雜的背後向體前、胯下變向運球，請大家見識一下它的動作順序。詳見圖解。

二、背越穿梭技巧動作方法

1.雙腳前後開立，左腳在前，身體保持正直，雙膝微彎曲，以右手運球於身體右側，反覆推拉球（圖1、圖2）。

圖1

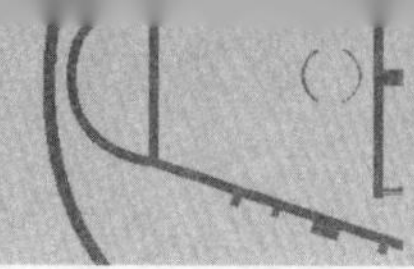

圖 2

2.當右手把球拉到身體後側時，由後腳蹬地，向前提起，做前跨步動作，同時以手指、手腕將球由身體側後方向通過兩腿之間拍到身體左前側（圖 3、圖 4、圖 5、圖 6、圖 7）。

圖 3

圖4

圖5

圖6

圖 7

3.左手準備接拍球，在左側做相同的動作（圖 8）。

圖 8

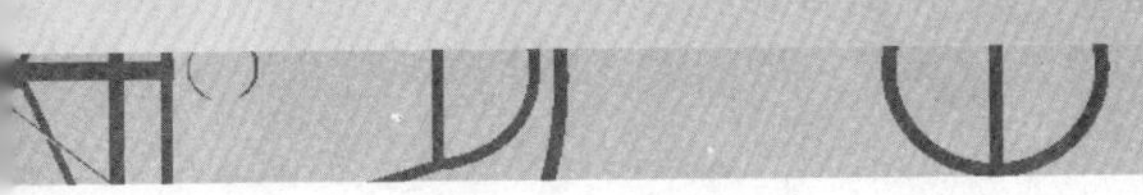

三、背越穿梭運球技巧動作練習方法

要求：這個技巧動作實質是背後運球和胯下運球的綜合，相對比較簡單，但需要良好的球感和手指、手腕對球的控制能力，並準確估計到球的落點和反彈方向，並需要不斷摸索，掌握技巧。

1. 原地體側推拉球練習。
2. 原地體後左右手變向運球練習。
3. 行進間胯下運球練習。

四、與其他技巧動作的銜接練習

1. 與蝴蝶穿花技巧動作的連接練習（見戲球篇技巧11）。

2. 與足踏球花後踢腿運球技巧動作的連接練習（見戲球篇技巧12）。

3. 與流星閃動技巧動作的連接練習（見戲球篇技巧13）。

4. 與背後CROSSOVER運球技巧動作的連接練習（見戲球篇技巧14）。

5. 與鹹魚翻身運球技巧動作的連接練習（見戲球篇技巧15）。

6. 與過山車運球技巧動作的連接練習（見戲球篇技巧16）。

技巧十八 反彈琵琶

各項指標評價

觀賞指數：★★★　動作難度：★★★

一、反彈琵琶技巧動作說明

琵琶行——白居易，千年古詩留下曠世絕句。昭君出塞，琵琶一曲技壓西域。而如今，球場上，街球俠客反身胯下 CROSSOVER 就如同反彈琵琶一樣，將運球技巧表現得精湛絕倫。詳見以下圖解，便可習得其中精髓之處。

二、反彈琵琶技巧動作方法

1.右手運球，儘量將球「黏」在手上，拉到與肩平行，雙腳左右開立，雙膝伸直，身體保持正直，兩臂張開（圖 1）。

圖 1

圖 2

圖 3

2.當右手把球拉到與肩平行時，左腳前跨，同時迅速拍擊球於胯下反彈到身體左側（圖 2、圖 3、圖 4）。

圖 4

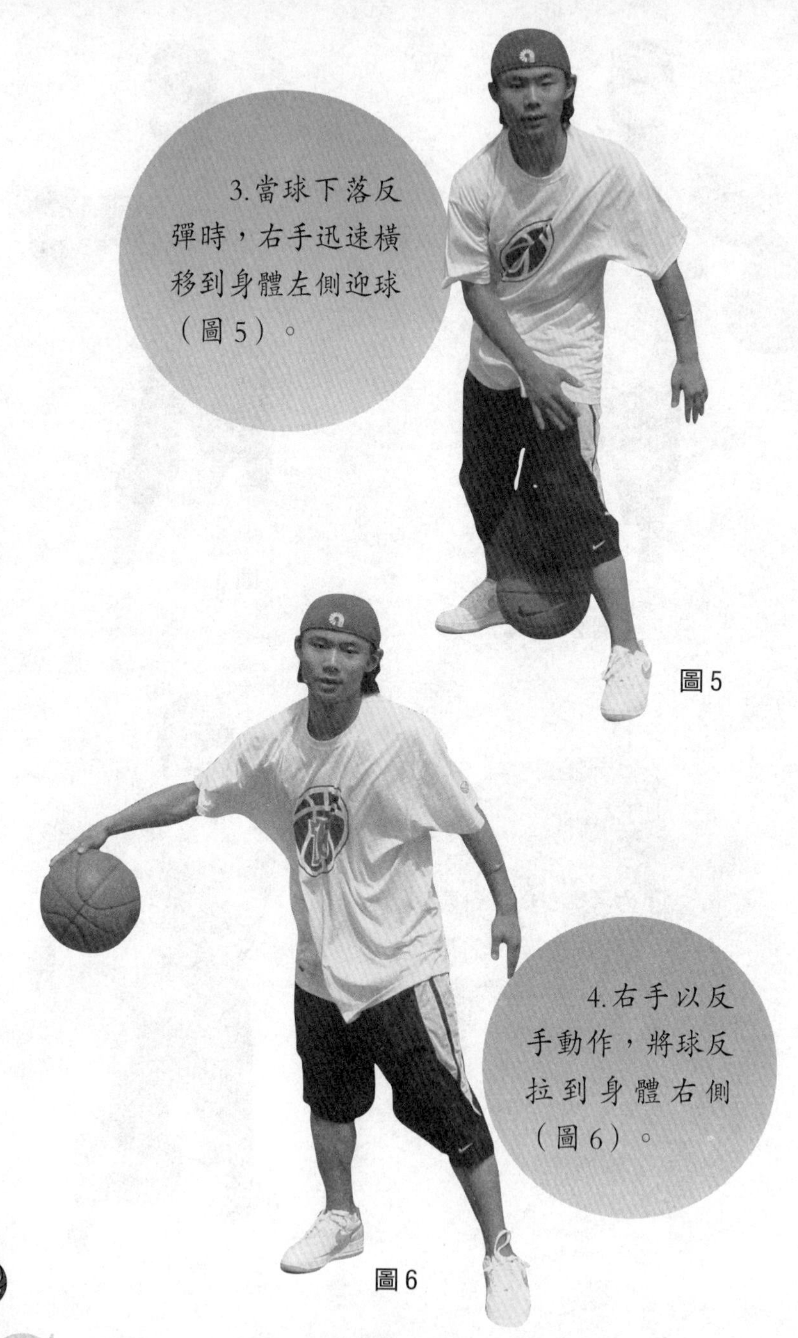

3.當球下落反彈時，右手迅速橫移到身體左側迎球（圖5）。

圖5

4.右手以反手動作，將球反拉到身體右側（圖6）。

圖6

三、反彈琵琶技巧動作練習方法

要求：這個技巧動作實質是單手連續完成胯下運球技術動作，對協調性要求比較高。動作要舒展、大方，動作幅度越大越好，需要良好的球感和手指、手腕對球的控制能力，並準確估計到球的落點和反彈方向。

1. 原地左右手大幅度體側拉球練習。

2. 原地左右手大幅度變向運球練習。

3. 小幅度單手胯下變向運球練習。

四、與其他技巧動作的銜接練習

1. 與足踏球花運球技巧動作的連接練習（見戲球篇技巧 12）。

2. 與流星閃動技巧動作的連接練習（見戲球篇技巧 13）。

3. 與背後 CROSSOVER 運球技巧動作的連接練習（見戲球篇技巧 14）。

4. 與鹹魚翻身運球技巧動作的連接練習（見戲球篇技巧 15）。

5. 與過山車運球技巧動作的連接練習（見戲球篇技巧 16）。

6. 與大鵬展翅運球技巧動作的連接練習（見戲球篇技巧 19）。

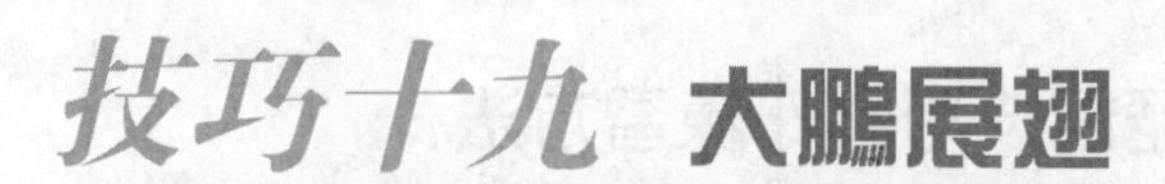

技巧十九 大鵬展翅

各項指標評價

觀賞指數：🏅🏅🏅　動作難度：🏅🏅🏅

一、大鵬展翅技巧動作說明

球彈我升，球落我降，像鳥兒一樣隨著球兒飛翔。我心熱烈，願衝出地球之吸引力，滑翔在空氣中，體驗球舞的快樂，表現自我之精神。這一技巧動作在實戰中非常有作用，喬丹的龍蛇步、科比的擎天搖擺、艾弗森的野牛擺尾的過人招數，均以大鵬展翅為起手勢。這一動作運用自如，運球過人則易如反掌。請看圖解說明。

二、大鵬展翅技巧動作方法

圖1

1.右手開始於體側運球，當球彈起時，身體隨著上升，球好像黏在手上一樣，拉到與肩平行，雙膝伸直，兩臂張開（圖1、圖2、圖3a）。

圖 2

圖 3a

圖 3b

圖 4

圖 5

2.當右手把球拉到與肩平行時，迅速將球向體前地面上壓，做體前變向動作，同時左腳側跨、右腳橫滑跟上，身體向左側橫滑動，同時迅速拍擊球使球反彈到身體左側（圖 3b、圖 4、圖 5）。

圖 6

圖 7

3.當左手接到球後，做與右手同樣的動作，大幅度拉開，身體挺直，下落反彈時，右腳迅速橫跨，左腳跟上（圖 6、圖 7、圖 8）。

圖 8

三、大鵬展翅運球技巧動作練習方法

要求：這個技巧動作實質是體前變向運球技術動作，產生的變異是身體需要隨球的下落和升起而起伏，同時當球每變一次方向時身體要隨著橫向移動，對協調性要求比較高，動作要舒展，大方，動作幅度越大越好，並需要良好的球感和手指、手腕對球的控制能力，並準確估計到球的落點和反彈方向。

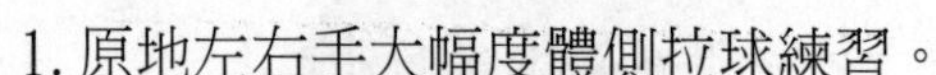

1. 原地左右手大幅度體側拉球練習。

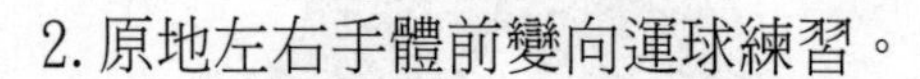

2. 原地左右手體前變向運球練習。

四、與其他技巧動作的銜接練習

1. 與足踏球花運球技巧動作的連接練習（見戲球篇技巧 12）。

2. 與流星閃動技巧動作的連接練習（見戲球篇技巧 13）。

3. 與背後 CROSSOVER 運球技巧動作的連接練習（見戲球篇技巧 14）。

4. 與鹹魚翻身運球技巧動作的連接練習（見戲球篇技巧 15）。

5. 與過山車運球技巧動作的連接練習（見戲球篇技巧 16）。

6. 與反彈琵琶運球技巧動作的連接練習（見戲球篇技巧 18）。

第二章

基礎動作篇

技巧一 單手肩上投籃

各項指標評價

觀賞指數：🏅🏅　動作難度：🏅🏅🏅

一、單手肩上投籃技術動作說明

籃球運動中的關鍵技術動作。在學打籃球初期，初學者如果沒有掌握正確的技術動作，對以後的技術發展影響很大。很多各方面都很優秀的球員，由於初期的動作沒有建立正確的動力定型，在專業發展的道路上遇到了很多困難。它不同於傳球、運球技術動作，動作的精細程度的要求不是很高，這一動作雖然看起來不是很複雜，但是，它是決定投中與否的要素，動作的每一個細節都要精益求精，不得有半點含糊。因此，一定要學好、練好，把籃投準。

二、單手肩上投籃技術動作方法

圖1

1.雙腳平行站立，腳尖略內扣，雙膝彎曲，單手持球於肩上、頭頂側面，左手指扶著球的側面下方（注意：左手掌不可貼到球，否則成提茶壺狀）（圖1、圖2、圖3、圖4、圖5）。

2.肘關節內收，朝向球籃的方向（注意：肘關節不要正對球籃，根據人體的解剖結構分析，當肘關節正對球籃時，前臂無法內旋到使手掌正對球籃的位置，導致球出手時從拇指和食指間通過，產生錯誤動力定型。如果肘關節正對球籃，身體則略向左轉，以利調整）。

圖 2

圖 3

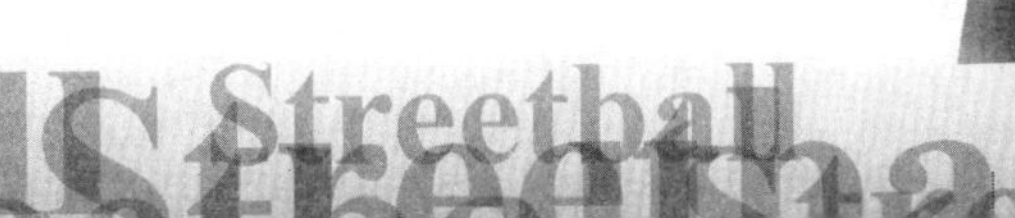

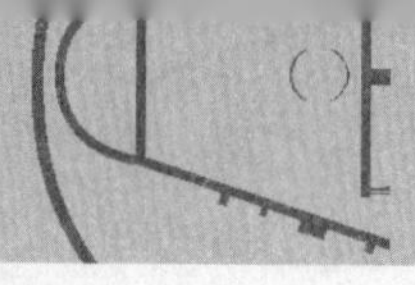

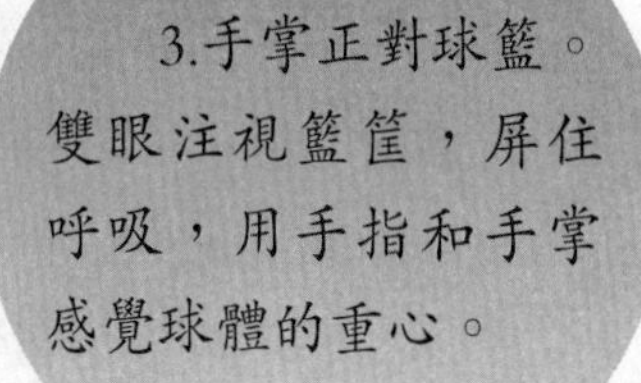

3.手掌正對球籃。雙眼注視籃筐，屏住呼吸，用手指和手掌感覺球體的重心。

圖4

圖5

4.投籃時，腳底發力，腿部蹬伸，當力由下肢向上肢傳遞時，上肢的動作是抬臂、伸肘、壓腕、指尖撥球（圖6、圖7、圖8）。

圖6

圖8

圖7

三、單手肩上投籃技術動作練習方法

要求：單手肩上投籃是籃球運動中最重要的技術之一，必須正確掌握，才能為今後的技術提升建立良好的基礎。街球練習中，許多青少年朋友在投籃練習時存在的幾個誤區需要避免。

第一，將球放在頭頂、眼前的位置上，以為可以看到球和籃筐，達到瞄準的作用。投籃實質是一種本體感覺，看到球與否對投中無任何幫助，並且，球在頭前，上肢發力困難，對中遠投籃產生影響。

第二，是肘關節的問題，肘關節要盡可能內收，但不要正對球籃，原因在技術動作方法中已介紹。

第三，出手時，一定要抬上臂，帶動前臂成勻加速運動，使球的拋物線向上行，不要前推球。

1. 距離籃筐 3 公尺，做基本投籃姿勢的練習。練習腳底、腿部發力和上肢的向上拋球投籃動作。

2. 在前一練習達到要求的基礎上，進行罰球線距離的投籃練習。

3. 在前兩個練習達到要求的基礎上，進行罰球線距離不同地點的投籃練習。

4. 實際演練，每天堅持，由生疏到熟練，由熟練到精湛，持之以恆，必有成果。

技巧二　雙手胸前傳球

各項指標評價

觀賞指數：　動作難度：

一、雙手胸前傳球技術動作說明

籃球運動中最樸實、最基本的技術動作，是技術動作中的無名英雄，越是與名次相關的比賽，它運用的頻率越不低，因為它穩定，失誤少，是大家的共同選擇。

二、雙手胸前傳球技術動作方法

圖 1

1.持球者雙腳斜前開立，雙膝彎曲，雙手持球於胸前，雙肘下垂貼近軀幹（圖 1）。

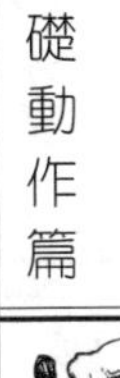

2.傳球時，後腳蹬地，雙臂前伸，手腕外翻，利用手指、手腕的點撥之力將球送出（圖2、圖3）。

圖2

圖3

三、雙手胸前傳球技術動作練習方法

要求：雙手胸前傳球技術動作是籃球技術中最基本的技術動作。雖然簡單，但必須正確掌握。

1. 原地 2 人傳球練習。
2. 行進間 2 人短傳上籃練習。

四、與其他技巧動作的衔接練習

（略）

技巧三 牧童牽牛

各項指標評價

觀賞指數：🏅🏅　動作難度：🏅

一、牧童牽牛——後轉身運球技巧動作說明

籃球比賽中的標準技術動作，一般隊員均可掌握，關鍵在於運用。成語說得好：「運用之妙，存乎一心。」比賽中技術的精髓在於運用的時機、效果和觀賞性，動作雖然難度很高，運用時機不合適，近乎賣弄；動作雖然簡單，但是，處處佔先，招招緊逼，也是籃球運動者的追求。這一動作要點是轉身之後，身體要向前進方向並起動加速，請按照圖示認真練習。

二、牧童牽牛——後轉身運球技巧動作方法

1.雙腳前後開立，重心壓低、身體前屈，右手持球於體側，將球拍到身體右側（圖1、圖2、圖3）。

圖1

圖 2

圖 3

圖 4

圖 5

2.當球由地面彈起時，右腳蹬地，重心前移到左腳，以左腳為軸後轉身，同時以右手向後拉球，並隨著身體轉動（圖 4、圖 5、圖 6）。

圖 6

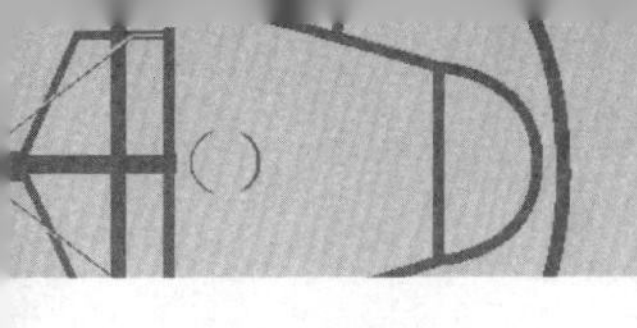

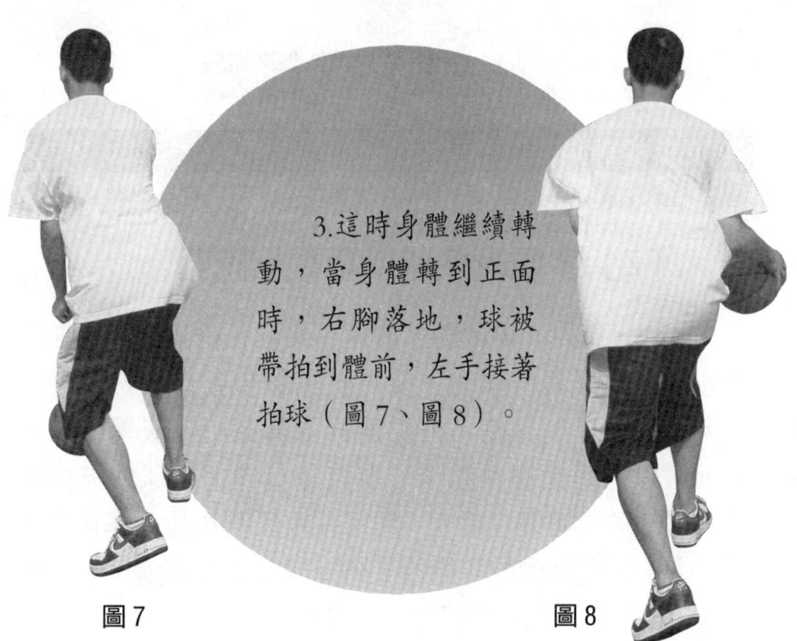

3.這時身體繼續轉動，當身體轉到正面時，右腳落地，球被帶拍到體前，左手接著拍球（圖 7、圖 8）。

圖 7　圖 8

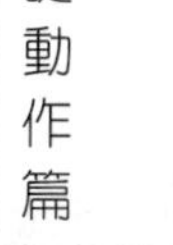

三、牧童牽牛——後轉身運球技巧動作練習方法

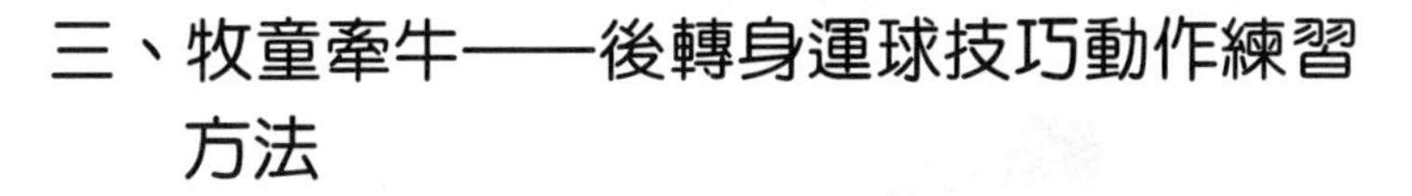

要求：這個動作需要掌握轉身後身體要面對側前方，並起動、加速擺脫、超越對手，常見的錯誤是轉身後身體沒有擋住對手，因而不容易超越防守者。

1. 原地體側推拉球。
2. 原地半轉身運球。
3. 行進間半轉身運球。

四、與其他技巧動作的銜接練習

（略）

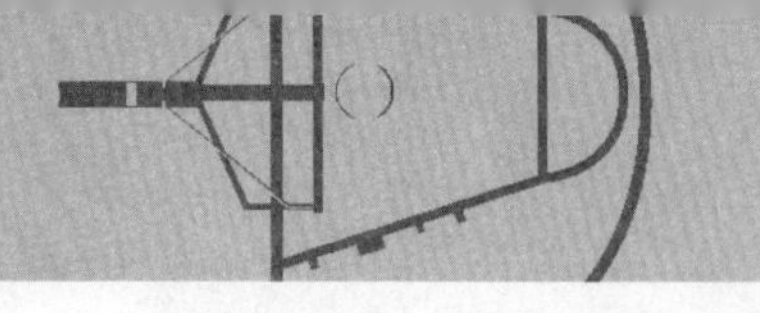

技巧四 「Z」字擺脫

各項指標評價

觀賞指數：🏅 動作難度：🏅 對抗強度：🏅🏅 實用指數：🏅🏅

一、「Z」字擺脫接球技巧動作說明

啟動、急停、再啟動、加速、接球，是無球隊員在有防守的情況下獲得球的主要方式，腳步動作的熟練與紮實，是獲得球的基礎。外線前鋒隊員在防守較緊的情況下，可以採用此擺脫動作。進攻隊員向遠離球的方向跑動，防守隊員如果沒跟上，即可採用反跑技術動作接球上籃，由於存在反跑的可能性，防守隊員必然緊隨，進攻隊員急停、拉出，即可獲得球。詳見圖示說明。

二、「Z」字擺脫技巧動作方法

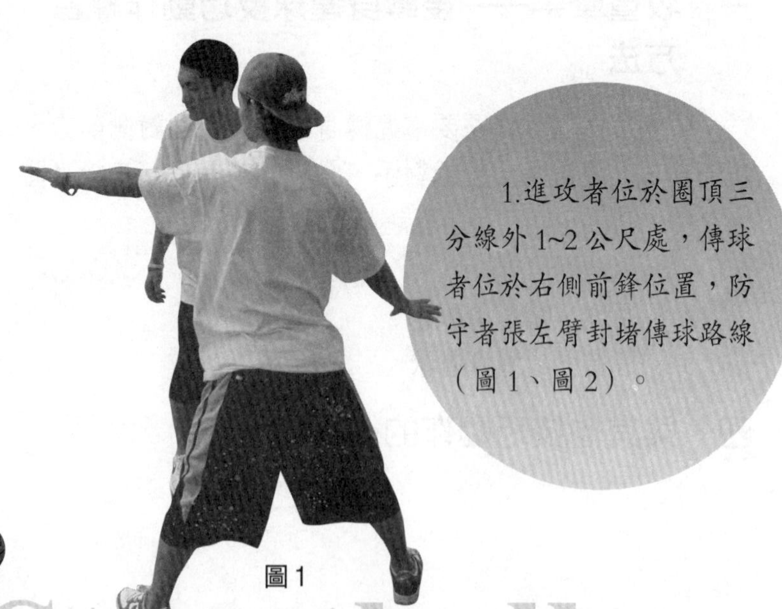

1.進攻者位於圈頂三分線外1~2公尺處，傳球者位於右側前鋒位置，防守者張左臂封堵傳球路線（圖1、圖2）。

圖1

圖 2

2.進攻者向左側跑動，遠離傳球者，並將防守者帶離原位置（圖 3、圖 4）。

圖 3

圖 4

3.當防守者跟隨進攻者離開原防守位置時，進攻者採用兩步急停，突然返回圈頂，接同伴傳球（圖5、圖6、圖7、圖8）。

圖 5

圖6

圖7

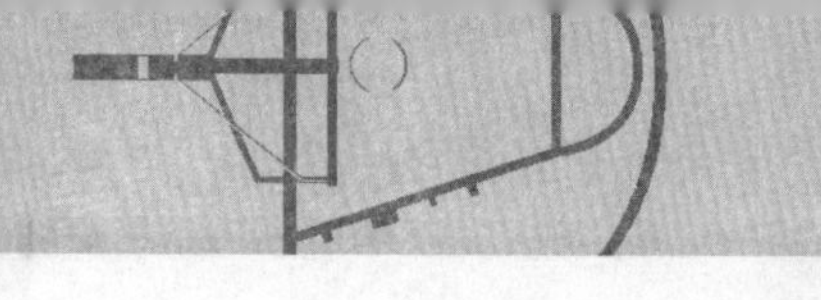

圖 8

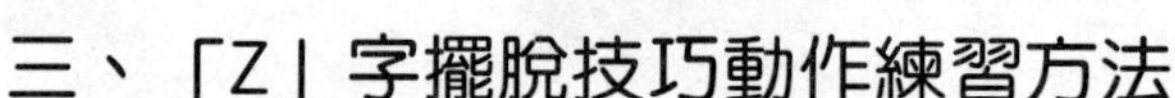

三、「Z」字擺脫技巧動作練習方法

要求：「Z」字擺脫技術動作是在有防守的情況下獲得球的一種基本技術方法。通常是在有防守，但是防守又不是很緊的情況下採用。前鋒隊員和後衛隊員的技術要領相同。

1. 在無防守的情況下練習擺脫動作，體會急停和上步要球動作要領。

2. 在前一練習達到要求的基礎上，進行有防守的中速練習。

3. 在前兩個練習達到要求的基礎上，進行與實戰結合的一對一個人攻守技術練習。

四、與其他技巧動作的銜接練習

（略）

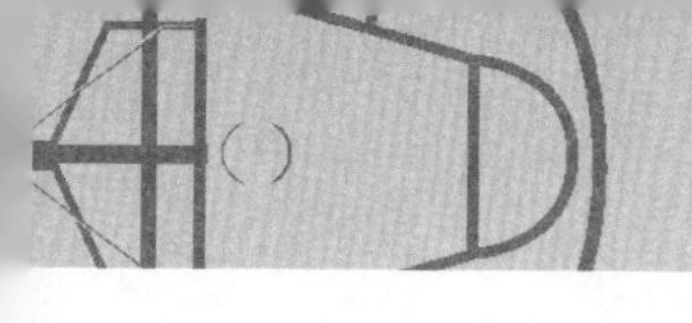

技巧五 「V」字擺脫

各項指標評價

觀賞指數：🏅 動作難度：🏅 對抗強度：🏅🏅🏅 實用指數：🏅🏅🏅

一、「V」字擺脫接球技巧動作說明

相對於「Z」字擺脫，「V」字擺脫對防守隊員的威脅更大，當無球進攻隊員向籃下跑動時，必然帶動防守隊員的跟防，再向三分線外啟動、加速接球。在當代攻擊性防守的情況下，無球進攻隊員需要在有利的進攻區域接球，一般都要採用「V」字擺脫。

二、「V」字擺脫進攻接球技巧動作方法

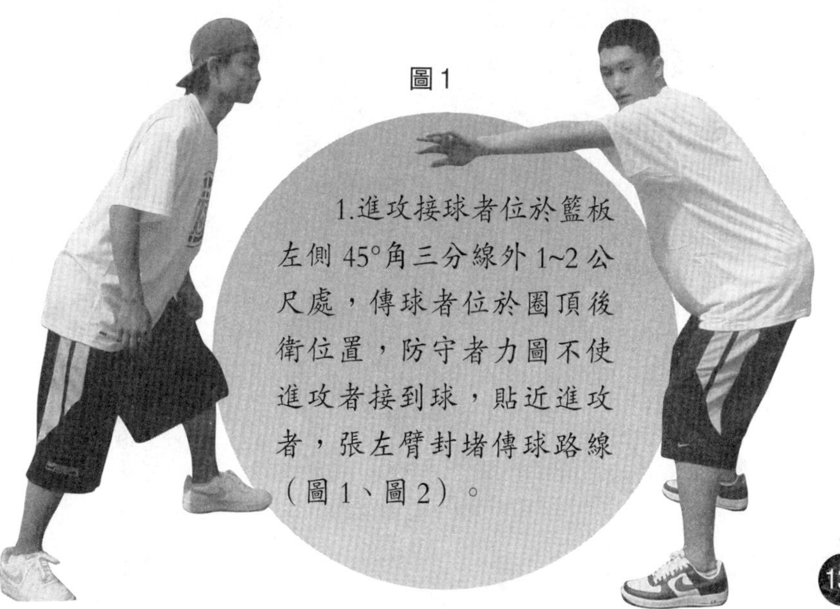
圖1

1.進攻接球者位於籃板左側45°角三分線外1~2公尺處，傳球者位於圈頂後衛位置，防守者力圖不使進攻者接到球，貼近進攻者，張左臂封堵傳球路線（圖1、圖2）。

圖2

2.無球進攻者向上做虛晃接球動作後，向底線反跑，防守者緊跟無球進攻者向底線跑動（圖3、圖4）。

圖3

圖 4

3.當無球進攻者快跑到限制區底線附近時，防守者卡位，不使無球進攻者繼續向限制區移動，雙方產生一定身體接觸（圖 5）。

圖 5

圖 6

圖 7

4.進攻者採用兩步急停，利用身體接觸的反彈之力，突然返回左側 45°角三分線外，接同伴的傳球（圖 6、圖 7、圖 8）。

圖 8

圖 9

5.防守隊員要及時再跟上進攻隊員，保持正常的防守位置（圖 9、圖 10）。

圖 10

圖 11

6.無球隊員接到球後，要立即做出持球隊員的「三威脅」動作，為下一技術動作（投、突、傳）的進行做好準備（圖 11、圖 12）。

圖 12

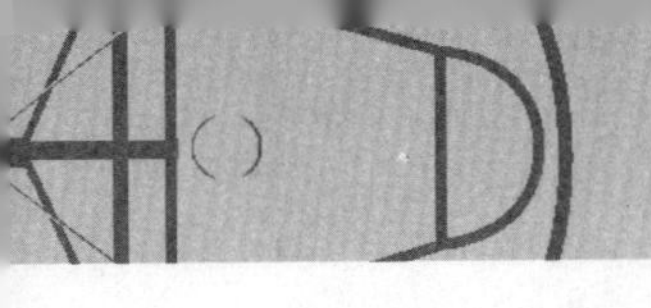

三、「V」字擺脫進攻接球技巧動作練習方法

要求：「V」字擺脫技術動作是在有防守的情況下獲得球的一種基本技術方法，通常是在有防守，而且防守又很緊的情況下採用。後衛隊員和前鋒隊員的技術要領相同。

1. 在無防守的情況下練習急停擺脫動作，體會急停和上步要球動作要領。

2. 在前一練習達到要求的基礎上，進行有防守的中速練習，體會有防守隊員的情況下，身體接觸後的用力。

3. 在前兩個練習達到要求的基礎上，進行與實戰結合的一對一個人攻守技術練習。

四、與其他技巧動作的銜接練習

（略）

技巧六 天龍太歲步

各項指標評價

觀賞指數：🏅🏅 動作難度：🏅🏅🏅

一、天龍太歲步——運球擺脫急停跳投技巧動作說明

比賽中，在對手頑強防守的情況下，持球隊員運球個人擺脫投籃或上籃是衡量現代籃球隊員技術水準高低的一項重要指標。當代 NBA 籃球巨星邁克・喬丹、科比・布萊恩特、吉諾比利等技術型的代表，都有超乎尋常的個人運球、突破、過人的技術能力。本技巧動作是綜合上述各位星爺的各式過人絕技，歸納出的一招天龍太歲步，在此基礎上，便可產生各種變化，所以，需要學好、練好、應用好，依照圖示進行練習必能得其精髓。

二、天龍太歲步——運球擺脫急停跳投技巧動作方法

1.持球者從球場左側 45°角三分線外向罰球線附近運球（圖 1）。

圖 1

2.在接近限制區右腳落地的同時，腳尖內扣，膝關節內收，身體向左半轉（圖2、圖3）。

圖2

圖3

圖 4

3.當轉身時右手向左拍球，球向左反彈，同時再以右手回扣住球的前上部，身體做向左側突破的假動作（圖 4、圖 5、圖 6）。

圖 5

圖 6

4.右手扣住球，左腳蹬地，身體再次轉向右側，右腿斜前跨步，向罰球線附近加速，兩步急停，左腳落地，右腳跟上，雙膝彎曲，身體正對球籃（圖 7、圖 8、圖 9）。

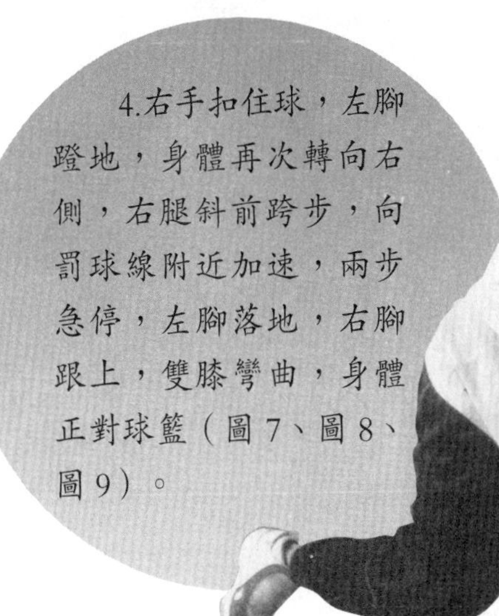
圖 7

圖 8

圖 9

5.雙腳起跳，抬臂、伸肘、壓腕、指尖撥球，投籃出手（圖10、圖11）。

圖10　圖11

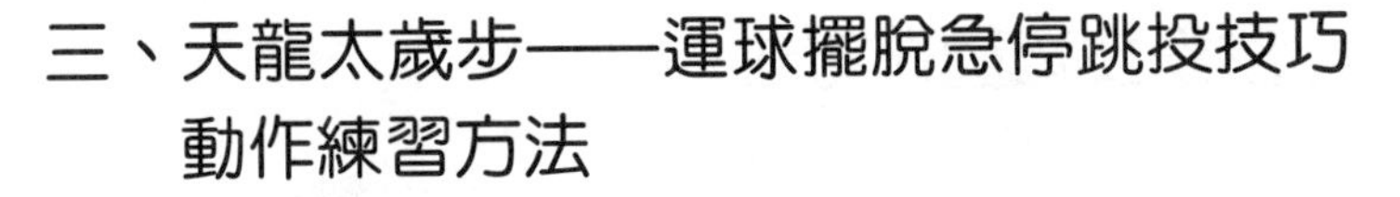

三、天龍太歲步——運球擺脫急停跳投技巧動作練習方法

要求：持球隊員在做動作前，要假設有防守隊員，加速和變向要突然，動作結構分解為向右加速，右腳急停，左腳上步，向左假突破，右手拉球，身體呈交叉狀，再突然向右變向、加速突破急停跳投。

1. 行進間左右手體前變向運球練習。
2. 行進間急停變向運球練習。
3. 行進間急停變向投籃練習。
4. 完整動作練習。

四、與其他技巧動作的銜接練習

（略）

技巧七 天龍四步

各項指標評價

觀賞指數：★★★ 動作難度：★★

一、天龍四步——體前 CROSSOVER 擺脫急停跳投技巧動作說明

本技巧動作一招為晃，二招為變，三招加速，四招急停跳投，簡單實用，難以防範。本招是外線隊員技術儲備中的必備武器，平時勤學苦練，用心揣摩，比賽時才能拿得出，用得上，打得準，一劍封喉，置對手於萬劫不復之中，再高超的防守者也照吃不誤。請看圖示練習。

二、天龍四步——體前 CROSSOVER 擺脫急停跳投技巧動作方法

1.持球者從球場左側 45°角三分線外向限制區附近運球（圖 1）。

圖 1

2.在進入三分線內左腳落地的同時，腳尖內扣，膝關節內收，身體向右半轉，右腳跨步向圈頂方向變向（圖2、圖3）。

圖2

圖3

3.當轉身時右腿向側做弓箭步跨步，身體前探，右臂向側大幅度伸開，用手指、手腕扣住球的前上部，向左手方向拍球（圖4）。

圖4

4.球向左反彈，同時再以左手回扣住球的前上部，向左運球，身體做向左側突破動作（圖5、圖6、圖7）。

圖5

圖 6

圖 7

5.當接近底線時，左手推球，左腿蹬地，右腿前跨，在底線處兩步急停，右腳落地，左腳跟上，雙膝彎曲，身體正對球籃（圖 8、圖 9）。

圖 8

圖 9

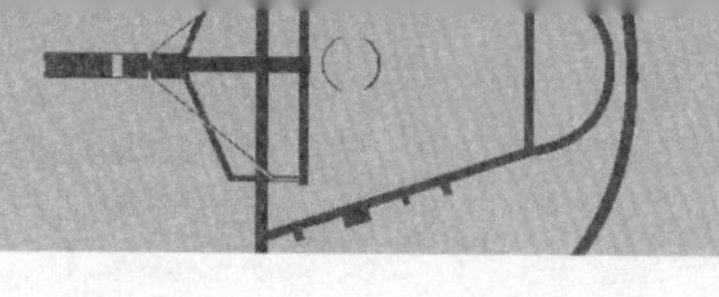

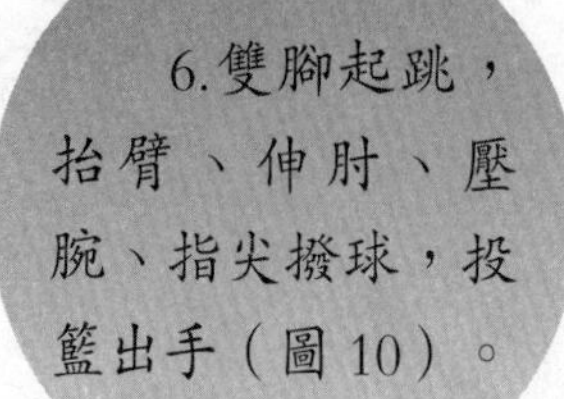

6.雙腳起跳，抬臂、伸肘、壓腕、指尖撥球，投籃出手（圖10）。

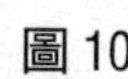
圖10

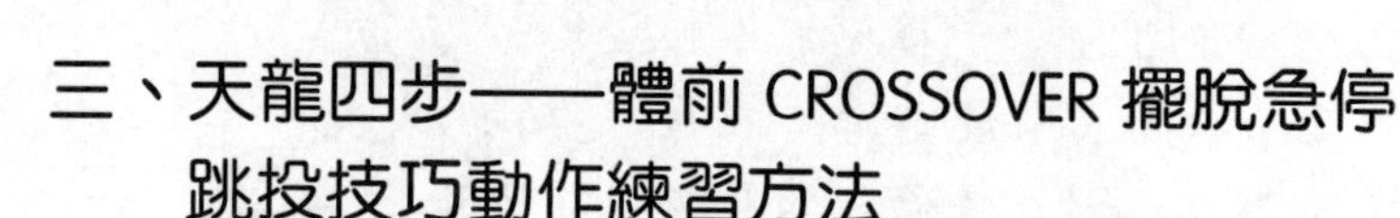

三、天龍四步——體前 CROSSOVER 擺脫急停跳投技巧動作練習方法

要求：持球隊員在做動作前，要假設有防守隊員，加速和變向要突然，右腳上步，向右假突破，右手拉球幅度要大，球要壓低，身體呈半蹲狀，再突然轉向，向左變向、再加速突破急停跳投。

1. 行進間左右手體前變向運球練習。
2. 行進間急停變向運球練習。
3. 行進間急停變向投籃練習。
4. 完整動作練習。

四、與其他技巧動作的銜接練習

（略）

第三章

單挑篇

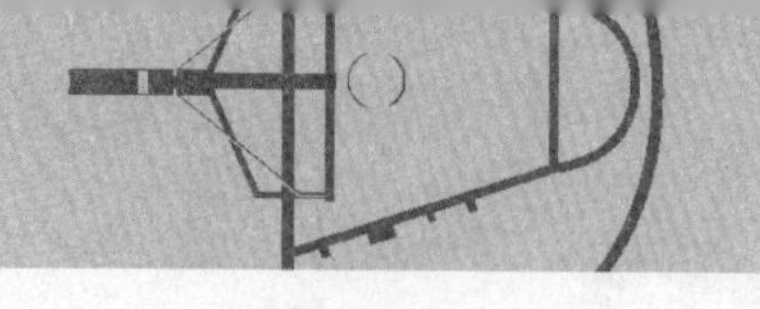

技巧一 瞞天過海

各項指標評價

觀賞指數：●●●● 動作難度：●●● 對抗強度：●● 實用指數：●

一、瞞天過海運球穿越過人技巧動作說明

街頭籃球技術的奧妙之處在於你的動作要使對手眼花繚亂、心亂神迷、不知所措，然後你才能出神入化、指東打西，出入對方陣營如入無人之境，達到信手拈來之境界。本技巧動作先以內功之招式迷惑對手，這內功所指的是「胯下 CROSSOVER」基本盤球功夫，瞞天過海前有牽引對方重心的作用，它可使轉身左切的動作更具致命的吸引力，再利用圖 15 如拉弓射箭的轉腰反彈力，在變嚮往左射出時，球走對方胯下，更顯銳利。

二、瞞天過海運球穿越過人技巧動作方法

圖 1

1.進攻者左手運球於體側，向防守者右側做突破假動作（圖 1、圖 2a）。

圖 2a

圖 2b

2.然後，突然向防守者左側跨步，當防守者跟上時，做原地胯下低運球，迷惑防守者，使防守者重心不穩（圖 2b、圖 3、圖 4、圖 5）。

圖 3

圖 4

圖 5

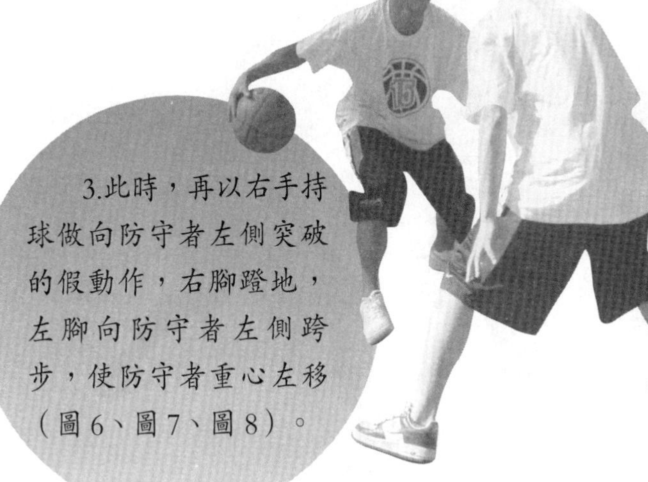

3.此時，再以右手持球做向防守者左側突破的假動作，右腳蹬地，左腳向防守者左側跨步，使防守者重心左移（圖 6、圖 7、圖 8）。

圖 6

圖 7

圖 8

圖9

4.進攻者右腳跟上，正對防守者，球依舊控制在手中（圖9、圖10、圖11）。

圖10

圖11

5.當防守者眼睛還在盯著球的時候，進攻者以右腳為軸，後轉身，同時肘關節內收、手腕內翻撥球，球恰好從防守者的兩腿之間穿過（圖12、圖13、圖14）。

圖12

圖 13

圖 14

圖 15

6.進攻者右腳蹬地，加速從防守者身體左側穿過，並再次控制球（圖15、圖16、圖17）。

圖 16

Streetball Street

圖 17

三、瞞天過海運球穿越過人技巧動作練習方法

要求：這個過人技巧動作難度比較大，在過人前要做幾個身體快速虛晃，胯下變向技巧動作，使防守者重心後移，難以快速移動，並處於兩腳平行開立的防守位置。

1. 原地左右手大幅度體側拉球練習。
2. 原地左右手體前變向運球練習。
3. 胯下變向運球練習。

四、與其他技巧動作的銜接練習

1. 在運用本技巧動作前可與背後 CROSSOVER、反彈琵琶或大鵬展翅技巧動作銜接（見戲球篇技巧 14、18、19）。

2. 在運用本技巧動作過人後可與天龍太歲步、天龍四步或凌波微步技巧動作銜接（見基礎篇技巧 6、7，單挑篇技巧 7）。

技巧二 暗渡陳倉

各項指標評價

觀賞指數：●●●● 動作難度：●●● 對抗強度：●● 實用指數：●

一、暗渡陳倉運球穿越過人技巧動作說明

漢高祖劉邦冊封漢王後，被楚霸王封鎖得似鐵桶一般，無路出兵關中，只有妙計破敵。球場上，防守隊員步步緊逼，把進攻之路守得是風雨不透，無路可走，而我運球彪騎要突破重兵把守，直取籃下重地，亦智亦勇，明修棧道，轉取禁區，無往而不勝。這一招的重點在圖 4a、圖 4b，身體貼近對手後，右腳踏出，右手將球引向背後，身體重心瞬間移至左腳，左腳再借身體反彈之力射出，展現犀利的過人威力。因此本技巧動作才得名「暗渡陳倉」。

二、暗渡陳倉運球穿越過人技巧動作方法

1.進攻者右手運球於體側，向防守者左側做虛晃假動作或胯下 crossover，把防守者晃得失去重心（圖 1a、圖 1b）。

圖 1a

圖 1b

2.然後，進攻者左腳蹬地，右腿斜前、突然向防守者左側跨步，右手將球拉到背後（圖 2a、圖 2b、圖 3a、圖 3b）。

圖 2a

圖 2b

圖 3a

圖 3b

3.以背後變向技巧動作將球拍向防守者的兩腿之間（圖4a、圖4b、圖4c）。

圖 4a

圖 4b

圖 4c

圖 5

圖 6

4.當球拍走之後，進攻者迅速蹬地加速，從防守者身體左側穿過，追上從防守者胯下反彈之球（圖 5、圖 6、圖 7a、圖 7b）。

圖 7a

圖 7b

三、暗渡陳倉穿越過人技巧動作練習

要求：持球者在過人前要做幾個身體快速虛晃，CROSSOVER 胯下變向技巧動作，使防守者重心後移，難以快速移動，並處於兩腳平行開立的防守位置。

1. 原地左右手大幅度體側拉球練習。

2. 原地左右手體前變向運球練習。

3. 胯下變向運球練習。

4. 背後變向運球練習。

四、與其他技巧動作的銜接練習

1. 在運用本技巧動作前可與背後 CROSSOVER、背越穿梭或大鵬展翅技巧動作銜接（見戲球篇技巧 14、17、19）。

2. 在運用本技巧動作過人後可與天龍太歲步、天龍四步或凌波微步技巧動作銜接（見基礎篇技巧 6、7，單挑篇技巧 7）。

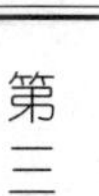

技巧三 一箭雙雕

各項指標評價

觀賞指數：🏅🏅🏅🏅 動作難度：🏅🏅🏅 對抗強度：🏅🏅 實用指數：🏅

一、一箭雙雕運球穿越過人技巧動作說明

人動、球動、我動、對手動，機會顯示，瞬息即逝。雖有百步穿楊準，難有一石二鳥運，創造機會，抓住機會是這一技巧動作的關鍵。見圖 6、圖 7，就是要抓住防守者瞬間的止步時機，一箭過去萬事皆休。方法詳看以下圖解便知。

二、一箭雙雕運球穿越過人技巧動作方法

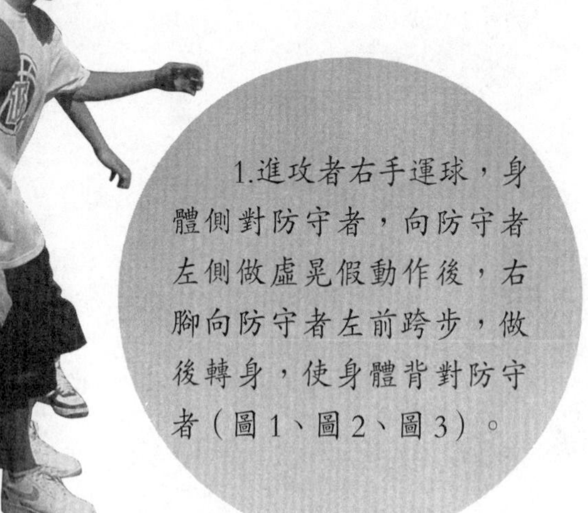

1.進攻者右手運球，身體側對防守者，向防守者左側做虛晃假動作後，右腳向防守者左前跨步，做後轉身，使身體背對防守者（圖 1、圖 2、圖 3）。

圖 1

圖 2

圖 3

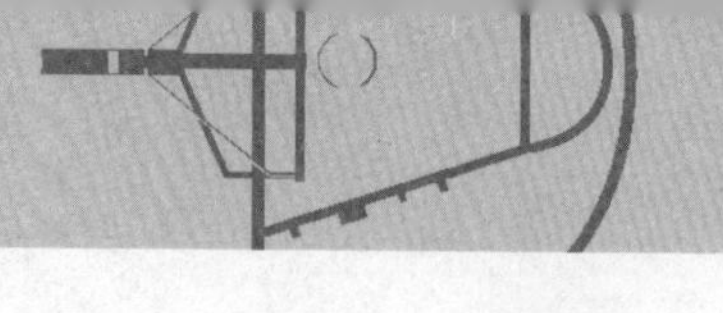

圖4

2.進攻者兩腳分開的幅度要與防守者同寬，右手將球拉到身前，利用手指、手腕的力量將球拍到自己和防守者的兩腿之間（圖4、圖5、圖6、圖7）。

圖5

圖 6

圖 7

圖 8

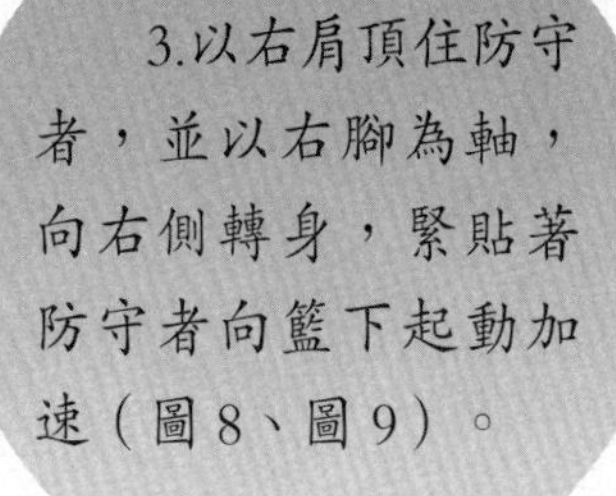

3.以右肩頂住防守者，並以右腳為軸，向右側轉身，緊貼著防守者向籃下起動加速（圖 8、圖 9）。

圖 9

4.從防守者身體右側穿過，追上從兩人胯下反彈之球（圖10、圖11、圖12）。

圖10

圖11

圖12

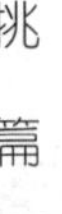

三、一箭雙雕穿越過人技巧動作練習方法

要求：持球者在過人前要做幾個身體快速虛晃、半轉身變向技巧動作，並力圖貼近防守者，使防守者重心後移，難以快速移動，並處於兩腳平行開立的防守位置。

1. 原地左右手大幅度體側拉球練習。

2. 原地左右手體前變向運球練習。

3. 胯下變向運球練習。

4. 背後變向運球練習。

5. 半轉身、全轉身運球練習。

四、與其他技巧動作的銜接練習

1. 在運用本技巧動作前可與背後 CROSSOVER、背越穿梭或大鵬展翅技巧動作銜接（見戲球篇技巧 14、17、19）。

2. 在運用本技巧動作過人後可與天龍太歲步、天龍四步或神龍入海技巧動作銜接（見基礎篇技巧 6、7，單挑篇技巧 13）。

技巧四 改弦易轍

各項指標評價

觀賞指數：●●● 動作難度：●●● 對抗強度：●● 實用指數：●

一、改弦易轍運球穿越過人技巧動作說明

本招讓我們學學又一種過人方法。在防守者前面利用胯下 CROSSOVER 反覆吸引對方，一遍不成再一遍，晃他千遍不厭倦，直到對方終於頑石點頭，重心前移後，挺身靠近，左手橫拉球，身體向右走，拍球與加速同時，沒等防守者反應過來，人球已過萬重山，再回首，離籃三寸三。

二、改弦易轍運球穿越過人技巧動作方法

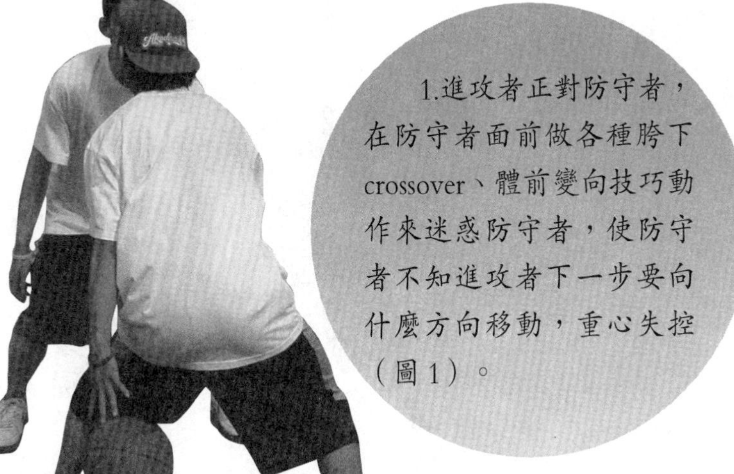

1.進攻者正對防守者，在防守者面前做各種胯下 crossover、體前變向技巧動作來迷惑防守者，使防守者不知進攻者下一步要向什麼方向移動，重心失控（圖 1）。

圖 1

2.抓住時機，進攻者左腳上步貼近防守者，身體向右側擺脫，左手持球將球拉開，從防守者的身體右側將球拍向防守者身後（圖2）。

圖2

3.以左腳蹬地，右腿向右側斜前跨步，緊貼著防守者身體左側向籃下起動加速（圖3、圖4）。

圖3

圖 4

4.從防守者身體左側穿過後，追上從背後反彈之球上籃或投籃（圖5、圖6）。

圖 5

圖 6

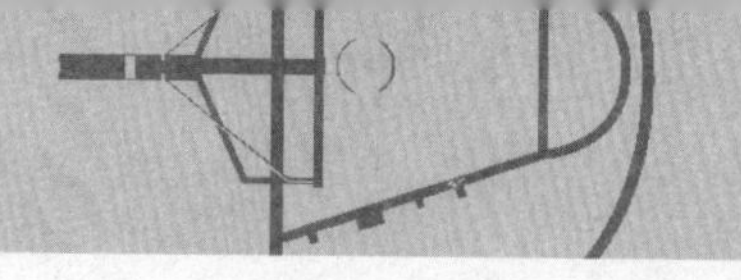

三、改弦易轍穿越過人技巧動作練習方法

要求：持球進攻者在過人前要做幾個身體快速虛晃、體前、胯下 CROSSOVER 技巧動作，並力圖貼近防守者，使防守者重心後移，難以快速移動。

1. 原地左右手大幅度體側拉球練習。
2. 原地左右手體前變向運球練習。
3. 胯下變向運球練習。
4. 背後變向運球練習。

四、與其他技巧動作的銜接練習

1. 在運用本技巧動作前可與背後 CROSSOVER、背越穿梭或大鵬展翅技巧動作銜接（見戲球篇技巧 14、17、19）。

2. 在運用本技巧動作過人後可與天龍太歲步、神龍入海或轅門射戟技巧動作銜接（見基礎篇技巧 7，單挑篇技巧 13、14）。

技巧五　蘇秦背劍

各項指標評價

觀賞指數：●●●　動作難度：●●●　對抗強度：●●　實用指數：●

一、蘇秦背劍運球穿越過人技巧動作說明

春秋烽煙，豪傑輩出，秦有張儀，諸國蘇秦，憑一身英雄膽略，合縱各路諸侯計破連橫，共同抗秦，仗手中七尺長劍，走遍天下。街球場上，一招背劍式，也可斬無數防守豪傑於劍下。本招先以轉身誘敵靠近防守者，步步逼近，當防守者以身體阻擋持球隊員時，正是施展這一招式的絕好時機，請詳看圖解。

二、蘇秦背劍運球穿越過人技巧動作方法

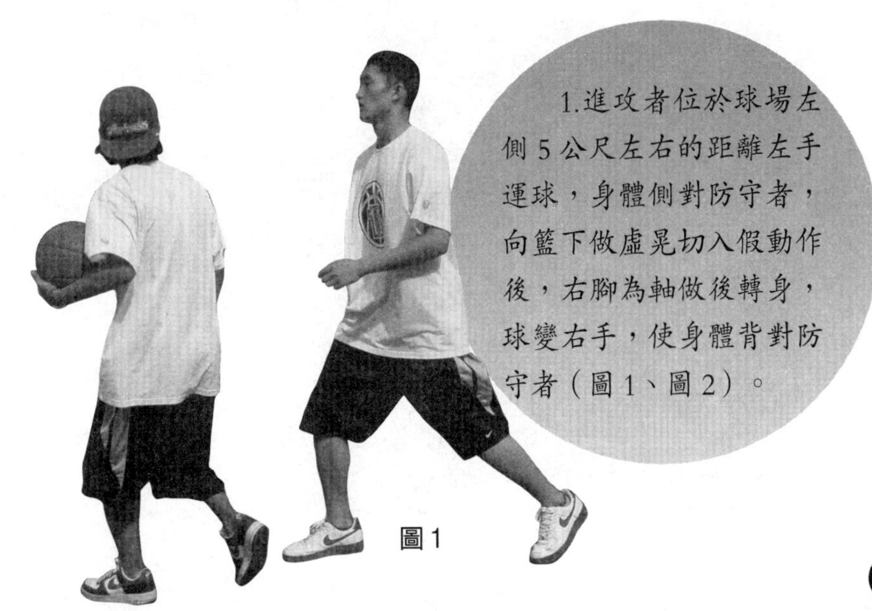

1.進攻者位於球場左側 5 公尺左右的距離左手運球，身體側對防守者，向籃下做虛晃切入假動作後，右腳為軸做後轉身，球變右手，使身體背對防守者（圖 1、圖 2）。

圖 1

圖 2

圖 3

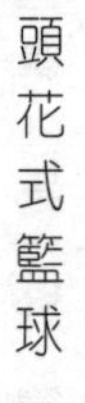

2.防守者為了防止進攻者突到籃下而上步阻擋進攻者的運球，利用這一時機進攻者主動接近防守者，拉近兩者的距離，同時右手將球拉到身後，上臂後伸，肘關節內收，利用手指、手腕的力量將球拍到自己和防守者的身後，球拍的方向要與自己再起動追球的路線相交（圖 3、圖 4、圖 5）。

圖 4

圖 5

圖 6

3.以左肩頂住防守者，並以前腳為軸，向左側轉身，緊貼著防守者向籃下啟動加速，從防守者身體左側穿過，追上從兩人背後反彈之球（圖 6、圖 7）。

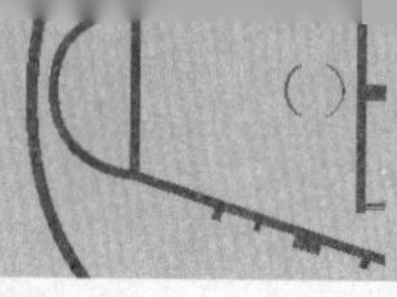

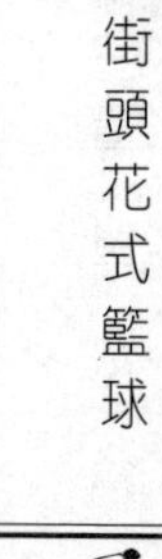

圖 7

4.當超越防守者後，迅速追上球，上籃或做下一個技術動作（圖 8）。

圖 8

三、蘇秦背劍穿越過人技巧動作練習方法

要求：持球者在過人前要做幾個身體快速虛晃、半轉身變向技巧動作，並力圖貼近防守者，使防守者重心後移，難以快速移動。

1. 原地左右手體前變向運球練習。

2. 胯下變向運球練習。

3. 背後變向運球練習。

4. 半轉身、全轉身運球練習。

四、與其他技巧動作的銜接練習

1. 在運用本技巧動作前可與背後 CROSSOVER、背越穿梭或大鵬展翅技巧動作銜接（見戲球篇技巧 14、17、19）。

2. 在運用本技巧動作過人後可與天龍太歲步、神龍入海或轅門射戟技巧動作銜接（見基礎篇技巧 7，單挑篇技巧 13、14）。

技巧六 峰迴路轉

各項指標評價

觀賞指數：●●● 動作難度：●● 對抗強度：●●● 實用指數：●

一、峰迴路轉運球穿越過人技巧動作說明

山重水複疑無路，柳暗花明又一村。當防守者把你盯死時，他的弱點也暴露出來，你到哪他到哪，這時可以採用「峰迴路轉」的招式，小小地戲耍他一下，假裝將球拍向他身後，身體向內切，防守者會步步緊跟來阻擋你的切入路線，球卻落在原地，等他知道上當時，你已帶球遠他而去，請見圖示。

二、峰迴路轉運球穿越過人技巧動作方法

1.持球者正對防守者，在防守者面前做各種胯下crossover、體前變向技巧動作來迷惑防守者，使防守者不知進攻者下一步要向什麼方向移動（圖1）。

圖1

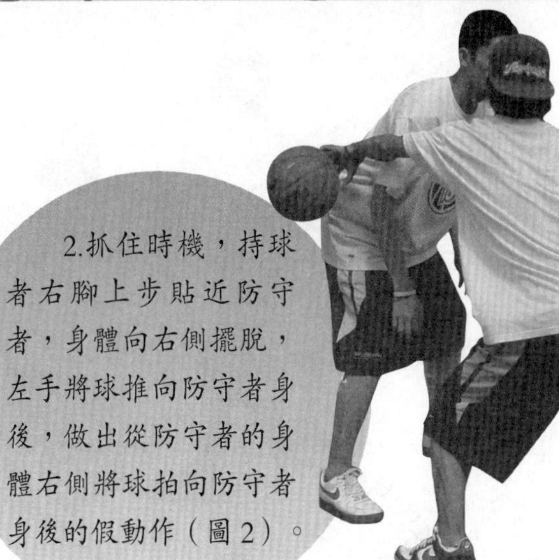

2.抓住時機，持球者右腳上步貼近防守者，身體向右側擺脫，左手將球推向防守者身後，做出從防守者的身體右側將球拍向防守者身後的假動作（圖2）。

圖2

3.以左腳蹬地，右腿向右側斜前跨步，緊貼著防守者身體左側向籃下起動加速，同時左手將球拍放在防守者身體側後的位置上（圖3、圖4）。

圖3

圖 4

4.從防守者身體左側穿過後，待防守者追趕時突然急停，加速返回原地（圖 5、圖 6、圖 7、圖 8）。

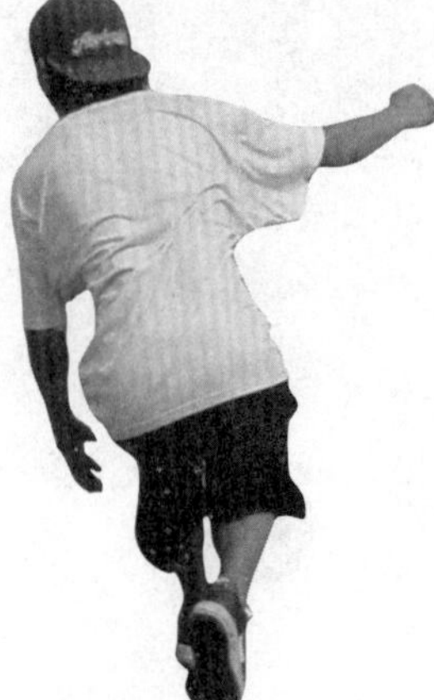

圖 5

圖 6

圖 7

圖 8

5.拾起躺在原地不動之球（圖 9）。

圖 9

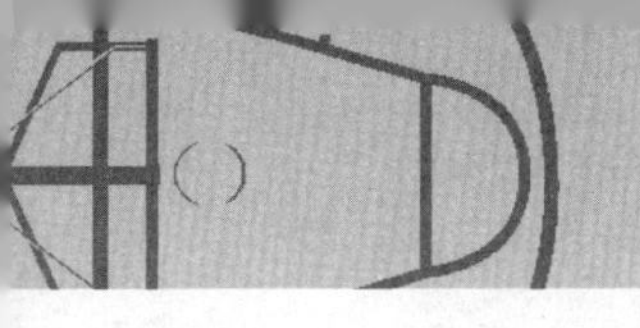

三、峰迴路轉穿越過人技巧動作練習方法

要求：持球者在過人前要做幾個身體快速虛晃、體前、胯下 CROSSOVER 技巧動作，並力圖貼近防守者，使防守者不知進攻者下一步要做什麼動作。

1. 原地左右手大幅度體側拉球練習。
2. 原地左右手體前變向運球練習。
3. 胯下變向運球練習。
4. 背後變向運球練習。

四、與其他技巧動作的銜接練習

1. 在運用本技巧動作前可與鹹魚翻身、背越穿梭或反彈琵琶技巧動作銜接（見戲球篇技巧 15、17、18）。

2. 在運用本技巧動作後可與蛇行鶴立、龍行僵屍步或轅門射戟技巧動作銜接（見單挑篇技巧 11、12、14）。

技巧七 凌波微步

各項指標評價

觀賞指數：★★★ 動作難度：★★ 對抗強度：★★ 實用指數：★★

一、凌波微步行進間投籃技巧動作說明

進攻者運球挺進禁區，上籃程序已經啟動，防守者憋足勁頭、巨大火鍋準備伺候。要避開這鋪天火鍋，需略施雕蟲小技，讓防守者不知何時才可端上火鍋，猶豫之時，已上籃成功。在跨出第一步時，右手將球引向身後，好像是背後傳球給對側同伴，防守者一看到球時，已被蒙騙，球瞬間又被右手帶回，順勢舉球投籃。本招「凌波微步」即是針對此種情況的靈丹妙藥，專治當你在上籃時，碰到對手是一個高你半個頭的大個兒時的治敵良方。

二、凌波微步行進間投籃技巧動作方法

圖1

1.持球者在中場三分線外，運球接近對手（圖1）。

圖 2

2.當接近防守者後，持球者左腳蹬地、右腳向右前跨步，身體呈右側突破姿勢，右手將球引向身體右側（圖 2、圖 3）。

圖 3

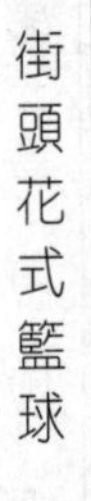

圖4

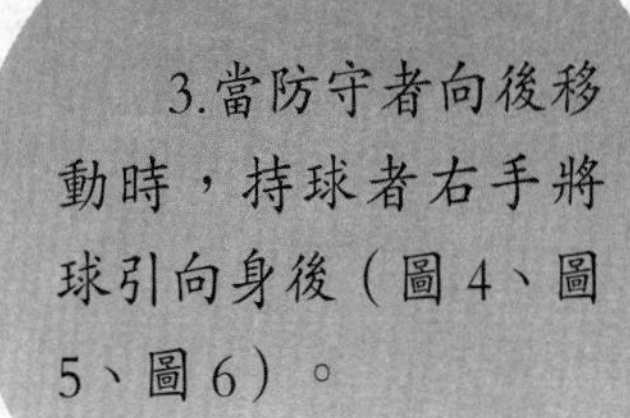

3.當防守者向後移動時，持球者右手將球引向身後（圖4、圖5、圖6）。

圖5

Streetball Street

圖6

圖7

4.同時左手後伸，將右手的球交到左手（圖7、圖8、圖9）。

圖8

圖 9

5.再由左手將球遞到右手，左腿向上用力蹬地，身體起跳向籃（圖 10、圖 11、圖 12、圖 13、圖 14）。

圖 10

圖 11

圖 12

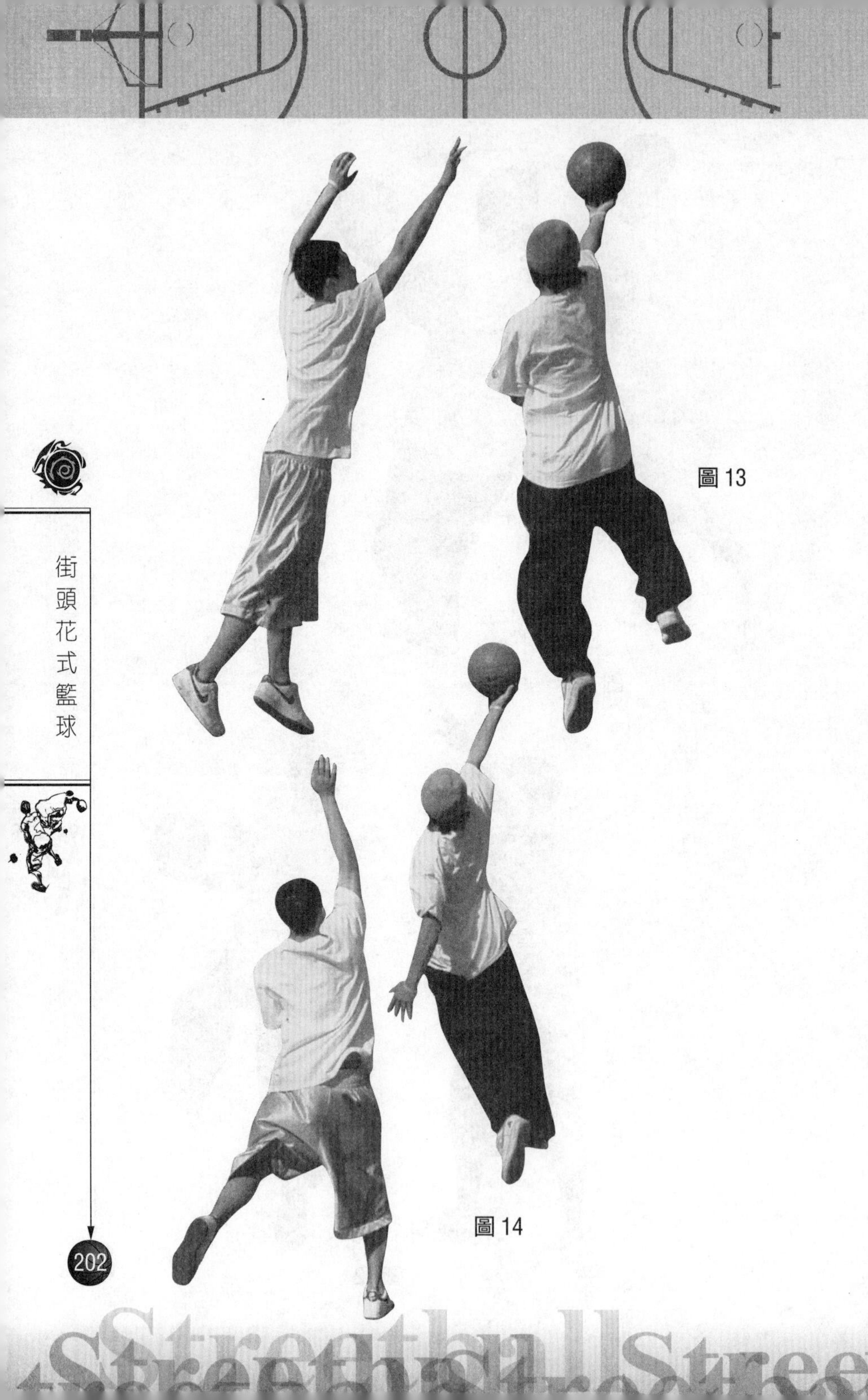

圖 13

圖 14

三、凌波微步行進間投籃技巧動作練習方法

要求：這個技術動作實質是行進間上籃的一種變化，在行進途中，球圍繞身體行走一圈銜接上籃動作的連續完成，有迷惑防守者的作用，對進攻者的手上基本功和靈活性、協調性要求比較高，球圍繞身體動作要快、動作幅度不宜過大。

1. 跳步急停假動作虛晃練習。
2. 行進間上籃練習。
3. 交叉步突破動作練習。
4. 完整組合動作練習。
5. 對抗情況下的練習。

四、與其他技巧動作的銜接練習

在運用本技巧動作前可與「Z」字擺脫接球、背後 CROSSOVER、背越穿梭或大鵬展翅技巧動作銜接（見基礎篇技巧 4、戲球篇技巧 14、17、19）。

技巧八　清風繞樑

各項指標評價

觀賞指數：●●●　動作難度：●●　對抗強度：●●●●　實用指數：●●●●

一、清風繞樑——胯下 CROSSOVER 行進間投籃技巧動作說明

這一技巧動作出自 20 世紀 80 年代喬丹出道時，在公牛隊與凱爾特人隊的季後賽中，喬丹與「大鳥」伯德對位，為晃過「大鳥」，喬丹連續使用三次「清風繞樑」技巧動作超越「大鳥」，從而使這一動作成為經典之作。本技巧動作顧名思義，胯下 CROSSOVER 乃基本功動作，運用於實戰既可做假動作，又可做緩衝過渡動作。

二、清風繞樑——胯下 CROSSOVER 行進間投籃技巧動作方法

圖 1

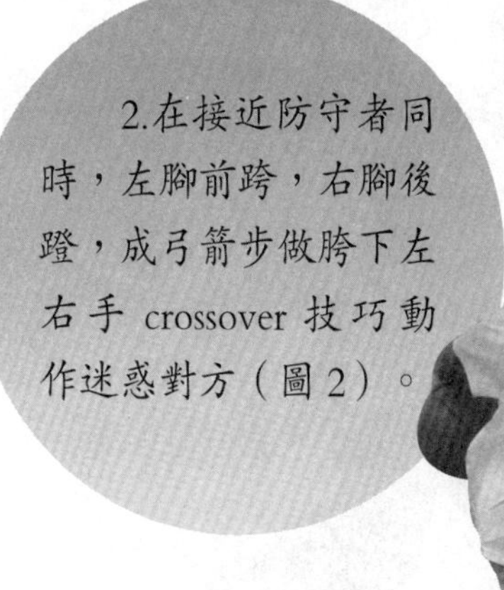

2.在接近防守者同時，左腳前跨，右腳後蹬，成弓箭步做胯下左右手 crossover 技巧動作迷惑對方（圖2）。

圖2

3.當球由右手變向到左手，吸引防守者重心向左移動，持球者左前腿蹬地身體右轉，左肩下壓、前探，右手推球的後上部，右腳蹬地加速（圖3、圖4、圖5）。

圖3

圖 4

圖 5

圖6

4.當超越防守者後，右腿跨步，右手抄球，行進間高拋投籃（圖6、圖7）。

圖7

三、清風繞樑——胯下 CROSSOVER 行進間投籃技巧動作練習方法

要求：持球者在過人前要逐步接近防守者，當與防守者貼近時要突然變換動作，左腳上步，右手拉球，身體呈弓箭步，胯下幾個 CROSSOVER 後再突然變向、加速，防守者就跟不上了。

1. 行進間左右手胯下變向運球練習。

2. 行進間急停變向運球練習。

3. 行進間急停胯下變向上籃練習。

4. 完整動作練習。

四、與其他技巧動作的銜接練習

1. 在運用本技巧動作前可與「Z」字或「V」字擺脫接球動作銜接（見基礎動作篇技巧 4、5）。

2. 在運用本技巧動作過人中可與背後 CROSSOVER、背越穿梭或大鵬展翅等技巧動作銜接（見戲球篇技巧 14、17、19）。

技巧九 百步穿楊

各項指標評價

觀賞指數：🏅🏅🏅 動作難度：🏅🏅🏅 對抗強度：🏅🏅🏅🏅 實用指數：🏅🏅🏅

一、百步穿楊——運球擺脫急停跳投技巧動作說明

百步穿楊之功乃是軍中弓箭手的最高追求。籃球場上欲達到百發百中的境界也同樣是可望而不可及的理念。成年累月的刻苦訓練是我們為達到理想彼岸的雙槳，每練習一次都是向心中目標的趨近。百步穿楊分為前奏、序曲和主旋律三部分，在防守者的追堵中，前奏為運球右切吸引，將防守者向右帶，序曲為反身體側變向，引誘防守者重心後轍，主旋律是在防守者重心後移的瞬間，運球隊員向後跳步，拉開與防守者的距離下蹲起跳，準備投籃，此時防守者若想封蓋，已是鞭長莫及。詳看圖解。

二、百步穿楊——運球擺脫急停跳投技巧動作方法

圖1

1.持球者在中場三分線外，防守者盯人很緊，持球者需要把防守者甩開後，才能尋找到有利的投籃機會。面對防守者，進攻者右手運球向右側突破，防守者滑步防守，雙腳左右平行開立，雙膝彎曲伸直，身體保持正直，兩臂張開（圖1）

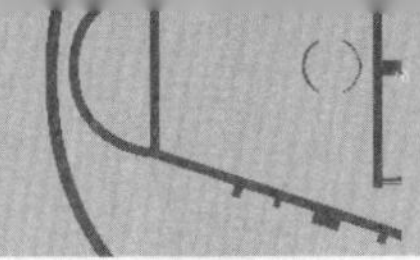

2.持球者右腳側跨、左腳跟上，身體呈前半蹲步，右手將球壓低向回拉球（圖2）。

圖2

3.當球反彈到左手時，右腿前跨，落地後右前腳掌向後蹬地，身體左轉，向防守者左側加速（圖3、圖4、圖5）。

圖 3

圖 4

圖 5

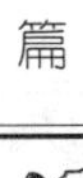

圖 6

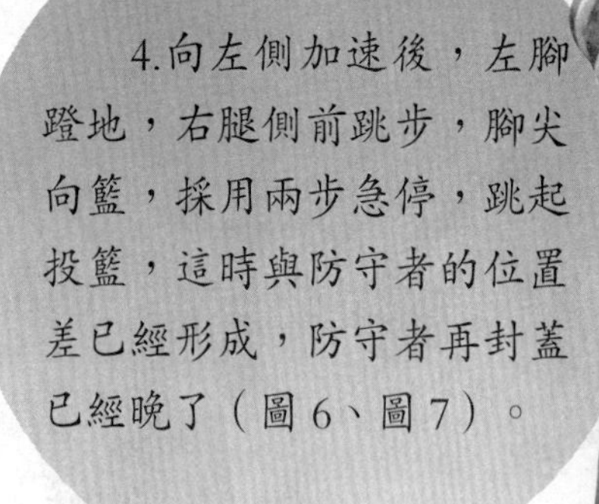

4.向左側加速後，左腳蹬地，右腿側前跳步，腳尖向籃，採用兩步急停，跳起投籃，這時與防守者的位置差已經形成，防守者再封蓋已經晚了（圖 6、圖 7）。

圖 7

三、百步穿楊——運球擺脫急停跳投技巧動作練習方法

要求：這個技術動作實質是突破——急停——變向——加速——跳步——跳投動作的連續完成，對隊員的腿部基本功和運球基本功、靈活性、協調性要求比較高，動作要舒展、大方，動作幅度越大越好，並需要良好的球感和手指、手腕對球的控制能力，並將球投進籃。

1. 原地左右手大幅度變向低運球練習。

2. 兩步急停跳投練習。

3. 無防守人完整組合動作練習。

四、與其他技巧動作的銜接練習

1. 在運用本技巧動作前可與「Z」字或「V」字擺脫接球動作銜接（見基礎動作篇技巧 4、5）。

2. 在運用本技巧動作過人中可與背後 CROSSOVER、背越穿梭或大鵬展翅等技巧動作銜接（見戲球篇技巧 14、17、19）。

技巧十 畫龍點睛

各項指標評價

觀賞指數：●●● 動作難度：●● 對抗強度：●●●● 實用指數：●●

一、畫龍點睛——運球擺脫後撤步急停跳投技巧動作說明

畫龍點睛技巧動作與清風繞樑動作一樣，均出自一人之手，那就是籃壇英豪——邁克・喬丹。在 1998 年 6 月 NBA 總冠軍決賽中，公牛隊對陣爵士隊。前番兩隊已打滿 5 場，公牛隊 3 比 2 領先，第 6 場比賽臨終場還有 3 秒，爵士隊領先 1 分，爵士隊如果贏了這一場，兩隊還要打第 7場比賽。然而，正是喬老大的一招「畫龍點睛」將爵士隊打發回家，提前將 NBA 總冠軍決賽劃上句號。欲知這一技巧動作是如何完成的，一看圖解便知。

二、畫龍點睛——運球擺脫後撤步急停跳投技巧動作方法

1.進攻者正對防守者，在防守者面前做各種胯下 crossover、體前變向技巧動作來迷惑防守者，使防守者不知進攻者下一步要向什麼方向移動，並接近防守者（圖 1、圖 2）。

圖1

圖 2

圖 3

2.抓住時機，進攻者左腳上步貼近防守者，身體向右側突然加速擺脫，防守者為佔據有利的防守位置，向左側橫滑步，用身體阻擋進攻者，利用防守者的阻擋，持球者右手運球，左手搭在防守者的腰部，右前腳急停，利用左手的反作用力，向回轉身（圖 3、圖 4、圖 5）。

圖 4

圖 5

圖6

3.持球者右手向回低拉球，右腳蹬地，左腳向防守者右側加速（圖6、圖7、圖8）。

圖7

Streetball Streetball

圖 8

4.左手運球，左腳蹬地，右腳跳步，兩步急停，跳起投籃，防守者因向左側滑步太快，又被進攻者輔助性地推了一把，難以及時回防，封蓋已來不及（圖 9、圖 10、圖 11、圖 12、圖 13）。

圖 9

圖 10

圖 11

圖 12

圖 13

三、畫龍點睛——運球擺脫後撤步急停跳投技巧動作練習方法

要求：持球者在過人前要逐步接近防守者，當與防守者貼近時要突然加速，使防守者重心向左移動，同時左手對防守人的推、扶非常關鍵，一有利於自己快速變向，二可以使防守者難以快速移動回防。

1.行進間左右手體前變向運球練習。

2.行進間急停變向運球練習。

3.行進間急停變向跳投練習。

4.完整動作練習。

四、與其他技巧動作的銜接練習

1.在運用本技巧動作前可與「Z」字或「V」字擺脫接球動作銜接（見基礎動作篇技巧4、5）。

2.在運用本技巧動作過人中可與背後CROSSOVER、背越穿梭或大鵬展翅等技巧動作銜接（見戲球篇技巧14、17、19）。

技巧十一 蛇行鶴立

各項指標評價

觀賞指數：3 動作難度：2 對抗強度：4 實用指數：3

一、蛇行鶴立——換手運球擺脫行進間投籃技巧動作說明

在街球世界中，有一著名高手就是美國的拉里·威廉姆斯，綽號「骨頭收集者」，身高 180 公分。2001 年背上球鞋到紐約闖蕩，打入洛克公園頂級賽事——EBC 錦標賽。初出茅廬的小子，馬上用眼花繚亂的運球、匪夷所思的過人和跳投征服了觀眾，獲得了 MVP。在「骨頭」數以百計的運球突破動作中，有一招右突胯下換向、左手推右手回拉跑投最為出名，突破時如蟒蛇游走於叢林之間，躍起時如飛鶴鳥瞰大地。要學好這一招「蛇行鶴立」，須按照圖示認真進行練習，方能逐步掌握。

二、蛇行鶴立——換手運球擺脫行進間投籃技巧動作方法

1.進攻者從中場運球向防守者逼近（圖 1）。

圖 1

圖 2

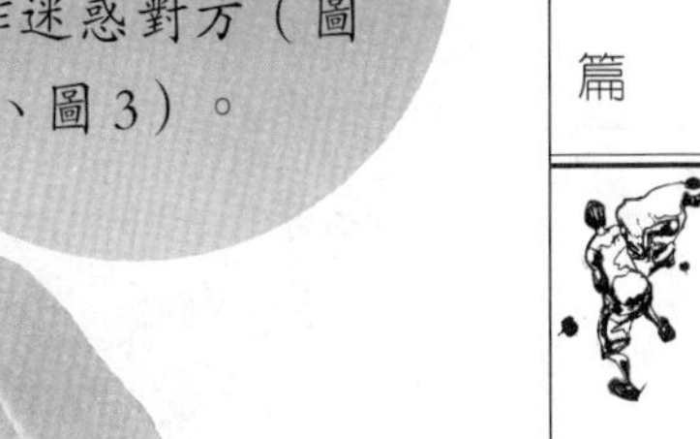

2.在接近防守者同時做胯下 crossover 技巧動作迷惑對方（圖 2、圖 3）。

圖 3

圖 4

3.當球由右手變向到左手時，左手推球的後上部，右腳點地，左腳前跳跨步，落地的同時身體向前傾（圖 4、圖 5、圖 6、圖 7）。

圖 5

圖 6

圖 7

圖 8

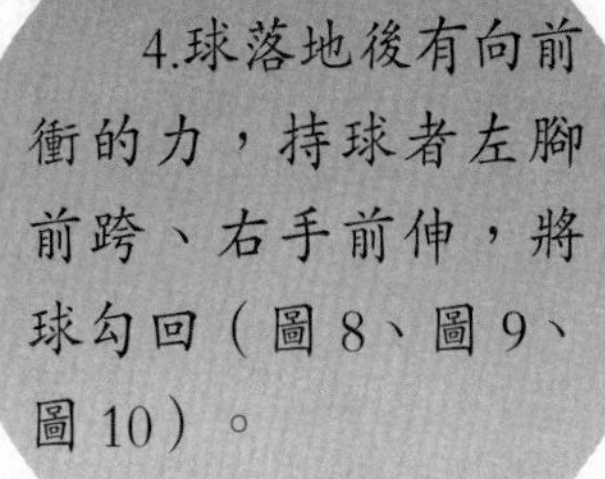

4.球落地後有向前衝的力，持球者左腳前跨、右手前伸，將球勾回（圖 8、圖 9、圖 10）。

圖 9

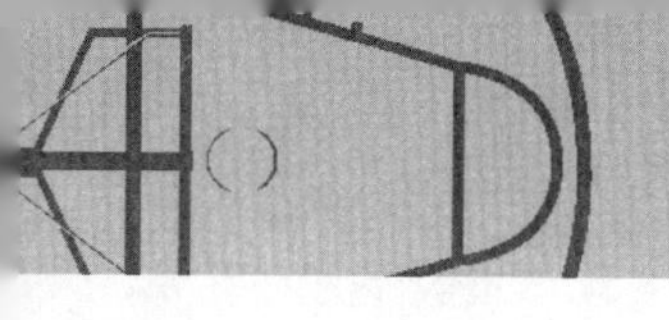

圖 10

5.同時左腳蹬地、身體向右轉體，右腿跨步，右手抄球，高拋投籃（圖 11、圖 12a、圖 12b）。

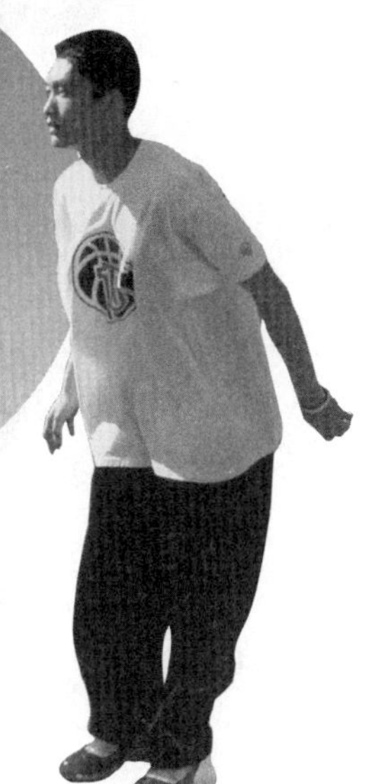

圖 11

圖 12a

圖 12b

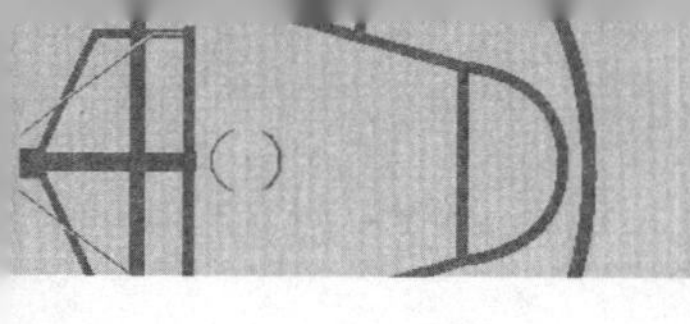

三、蛇行鶴立——換手運球擺脫行進間投籃技巧動作練習方法

要求：持球者在過人前要逐步接近防守者，當與防守者貼近時要突然變換動作，左腳上步，右手拉球，身體呈交叉狀，再突然急停向回變向、再加速，防守者就跟不上了。

1. 行進間左右手體前變向運球練習。
2. 行進間急停變向運球練習。
3. 行進間急停變向上籃練習。
4. 完整動作練習。

四、與其他技巧動作的銜接練習

1. 在運用本技巧動作前可與「Z」字或「V」字擺脫接球動作銜接（見基礎動作篇技巧 4、5）。

2. 在運用本技巧動作過人中可與背後 CROSSOVER、背越穿梭或大鵬展翅等技巧動作銜接（見戲球篇技巧 14、17、19）。

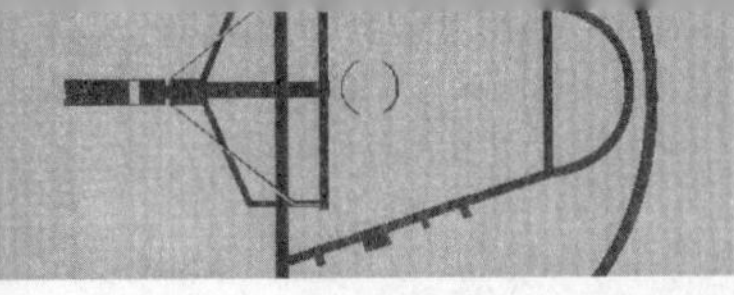

技巧十二　龍行僵屍步

各項指標評價
觀賞指數：3　動作難度：2　對抗強度：4　實用指數：3

一、龍行僵屍步——運球擺脫行進間投籃技巧動作說明

美國紐約各街區的球風略有差異，布隆克斯和布魯克林崇尚籃下身體對抗，哈林和皇后區生產控球人才，拉夫・阿爾斯通則是皇后區的標誌，他和哈林霸主「黑寡婦」泰隆・艾利默・伊萬斯的鬥牛成為紐約每年的經典節目。做起「龍行僵屍步」來有著一種莫名的輕巧和優雅，幾乎讓人暫時忘記球場上激烈的拼殺，享受片刻的唯美。

二、龍行僵屍步——運球擺脫行進間投籃技巧動作方法

1.進攻者從中場運球向防守者逼近（圖1）。

圖1

圖 2

2.抓住時機，進攻者右腳向前跳，貼近防守者，身體向右側突然加速擺脫，防守者為佔據有利的防守位置，向左側橫滑步，用身體阻擋進攻者（圖 2、圖 3）。

圖 3

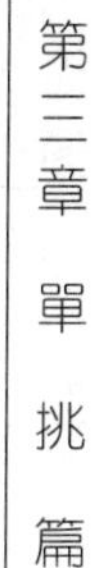

3.持球者左腳落地的同時身體向左晃，右手向回拉球變向，左腳蹬地，右腳向防守者左側加速（圖4、圖5）。

圖4

圖5

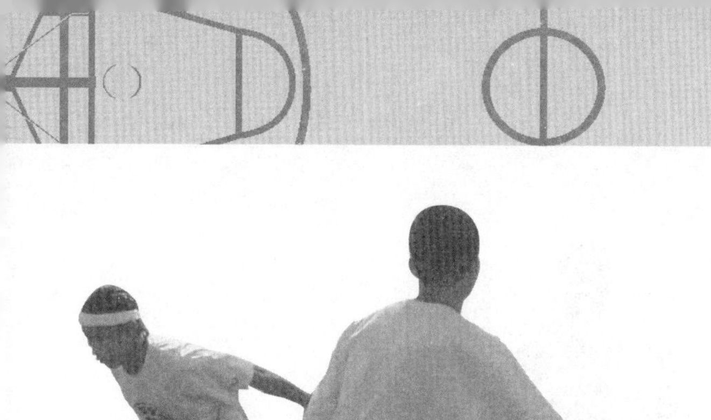

4.右手運球，右腳加速，突破防守者的防守，行進間上籃（圖6、圖7、圖8、圖9、圖10）。

圖6

圖7

圖 8

圖 9

圖 10

三、龍行僵屍步——運球擺脫行進間投籃技巧動作練習方法

要求：持球者在過人前要逐步接近防守者，當與防守者貼近時要突然加速，使防守者重心向左移動，再突然急停向回變向，使防守者產生停頓、向回滑步的動能，進攻者再加速，防守者就跟不上了。

1. 行進間左右手體前變向運球練習。

2. 行進間急停變向運球練習。

3. 行進間急停變向上籃練習。

4. 完整動作練習。

四、與其他技巧動作的銜接練習

1. 在運用本技巧動作前可與「Z」字或「V」字擺脫接球動作銜接（見基礎動作篇技巧4、5）。

2. 在運用本技巧動作過人中可與天龍太歲步、天龍四步等技巧動作銜接（見基礎動作篇技巧6、7）。

技巧十三 神龍入海

各項指標評價

觀賞指數：🏅🏅🏅 動作難度：🏅🏅 對抗強度：🏅🏅🏅🏅 實用指數：🏅🏅🏅🏅

一、神龍入海——底線突破上籃技巧動作介紹

追溯洛克公園街球的歷史，20 世紀 70 年代曾經有一位綽號「HELI-COPTER」（直升機）的諾因斯（Knowings）先生，有人親眼看見他與人打賭把銅板放在籃板上緣，他辦到了。他的街球技藝已臻化境。一場比賽中諾因斯要切入禁區，裏面已經有重兵把守，他不管三七二十一照切不誤，空中漫步直搗黃龍，跳起來封堵的隊員都已經落地了，他還在飛翔，滯空時間之長可想而知。這一招「神龍入海」即是突破的基本步法，需認真練習。

二、神龍入海——底線突破上籃技巧動作方法

1.進攻者在籃的左側三分線外以「z」字擺脫跳步接球，左腳為軸，持球人用投籃假動作引誘防守者重心上移（圖 1）。

圖 1

2.然後，左腿前跨，將球引到身體左側，做從底線突破的假動作，迫使防守者後撤（圖2）。

圖 2

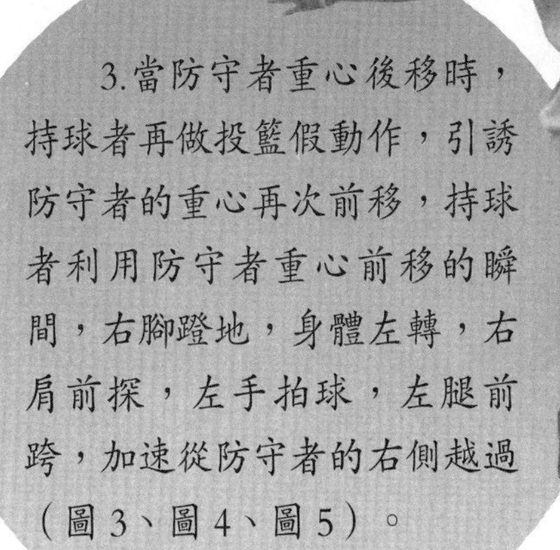

3.當防守者重心後移時，持球者再做投籃假動作，引誘防守者的重心再次前移，持球者利用防守者重心前移的瞬間，右腳蹬地，身體左轉，右肩前探，左手拍球，左腿前跨，加速從防守者的右側越過（圖3、圖4、圖5）。

圖 3

圖 4

圖 5

圖 6

4.持球者超越防守者後，行進間上籃（圖 6、圖 7）。

圖 7

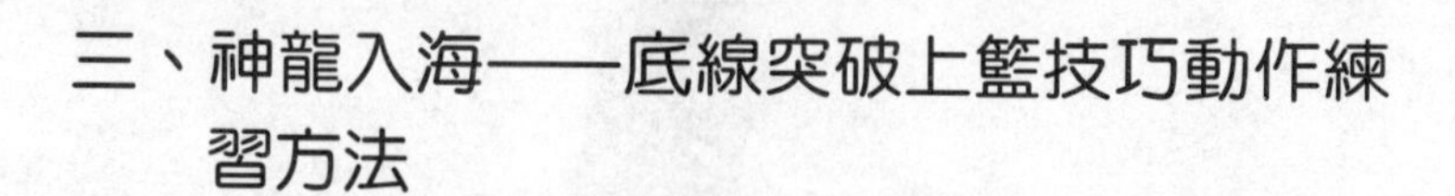

三、神龍入海——底線突破上籃技巧動作練習方法

要求：這個技術動作實質是擺脫接球——投籃假動作——左側突破假動作——投籃假動作——同側步突破——行進間投籃動作的連續完成，對隊員的腳步動作基本功和運球基本功、靈活性、協調性要求比較高，假動作要快、逼真，動作幅度不宜過大，行進間投籃需要良好的球感和手指、手腕對球的控制能力，並將球投進籃。

1. 跳步急停假動作虛晃練習。
2. 行進間投籃練習。
3. 同側步突破動作練習。
4. 完整組合動作練習。
5. 對抗情況下的練習。

四、與其他技巧動作的銜接練習

1. 在運用本技巧動作前可與「Z」字或「V」字擺脫接球動作銜接（見基礎動作篇技巧 4、5）。

2. 在運用本技巧動作過人中可與凌波微步技巧動作銜接（見單挑篇技巧 7）。

技巧十四　轅門射戟

各項指標評價

觀賞指數：●●●　動作難度：●●　對抗強度：●●●●　實用指數：●●●●

一、轅門射戟——前鋒上線突破急停跳投動作說明

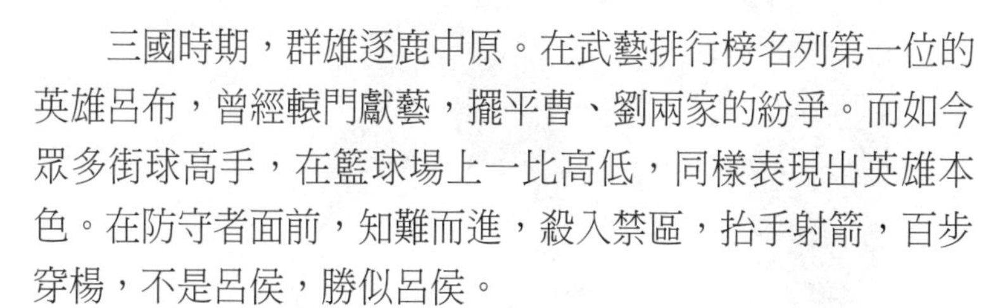

三國時期，群雄逐鹿中原。在武藝排行榜名列第一位的英雄呂布，曾經轅門獻藝，擺平曹、劉兩家的紛爭。而如今眾多街球高手，在籃球場上一比高低，同樣表現出英雄本色。在防守者面前，知難而進，殺入禁區，抬手射箭，百步穿楊，不是呂侯，勝似呂侯。

在街球歷史中同樣有這樣一位神射手，他就是外號「The Destroyer」的約183公分的後衛，是紐約著名的第四街球場出身的隊員喬恩・哈蒙德（Hammond），20歲時就獲得洛克聯盟的MVP。一場比賽中獨得73分，神準無比，抬手必中，技驚四座，勇不可當，恰似那當年溫侯呂布，一杆方天畫戟，打遍天下無敵手。

二、轅門射戟——前鋒上線突破急停跳投技巧動作方法

1.進攻者在籃的左側三分線外以「z」字擺脫跳步接球，右腳為軸，持球者左腿前跨，將球引到身體左側，做從底線突破的假動作，引誘防守者重心後移（圖1、圖2、圖3）。

圖1

圖2

圖 3

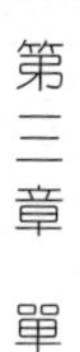

圖 4

2.然後，左腳內側蹬地，左腿回收，將球引到身體右側，做投籃假動作，迫使防守者上撲（圖 4）。

3.當防守者重心前移時，持球者利用防守者重心前移的瞬間，左腳蹬地，身體右轉，左肩前探，右手拍球，左腿前跨，加速從防守者的左側越過（圖5）。

圖5

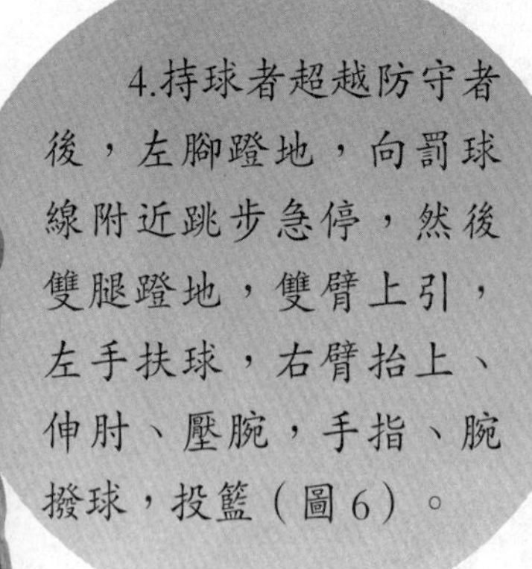

4.持球者超越防守者後，左腳蹬地，向罰球線附近跳步急停，然後雙腿蹬地，雙臂上引，左手扶球，右臂抬上、伸肘、壓腕，手指、腕撥球，投籃（圖6）。

圖6

三、轅門射戟——前鋒上線突破急停跳投技巧動作練習方法

要求：這個技術動作實質是擺脫接球——左側突破假動作——投籃假動作——交叉步突破——行進間一步急停——跳投動作的連續完成，對隊員的腳步動作基本功和運球基本功、靈活性、協調性要求比較高，假動作要快、逼真，動作幅度不宜過大，行進間急停後身體要正對球籃，跳投動作需要良好的球感和手指、手腕對球的控制能力，並將球投進籃。

1. 跳步急停假動作虛晃練習。
2. 行進間急停投籃練習。
3. 交叉步突破動作練習。
4. 完整組合動作練習。
5. 對抗情況下的練習。

四、與其他技巧動作的銜接練習

1. 在運用本技巧動作前可與「Z」字或「V」字擺脫接球動作銜接（見基礎動作篇技巧 4、5）。

2. 在運用本技巧動作突破過人後需與跳步急停動作銜接。

技巧十五 隔山打虎

各項指標評價

觀賞指數：●●● 動作難度：●● 對抗強度：●●●● 實用指數：●●●

一、隔山打虎——持球突破高拋投籃技巧動作說明

誰說小個兒隊員無法在大個兒面前投籃，我們就是有辦法。科蒂斯．鐘斯身高155公分，是典型的「矮地虎」型球員，20世紀60年代底特律地區一代名將。他的速度和切入能力非常優異，不但要在大個兒面前投籃，而且要投進。當巨人像大山一樣壓過來時，正常的投籃路線已被封死，投出的球像迫擊炮發射一樣，採用超高拋物線，高高地越過眼前的障礙，球像從天花板掉下來一樣投進籃筐，正所謂：「山窮水複疑無路，柳暗花明又一村。」欲知山那邊的老虎是如何被射中的，請看圖解。

二、隔山打虎——持球突破高拋投籃技巧動作方法

1.持球者在中場三分線外，跳步接右側前鋒回傳球，防守者盯人很緊，持球者需要用假動作使防守者重心移動，從而尋找到有利的突破機會，面對防守者，進攻者以跳步落地右腳為軸，呈可投、傳、運的三威脅姿勢（圖1、圖2）。

圖 1

圖 2

圖 3

2. 持球者右腳為軸、左腳向左側跨步，身體呈左側突破姿勢，雙手將球引向身體左側（圖 3、圖 4）。

圖 4

圖5

3.當防守者的重心向右移動時，持球者左腳蹬地，身體向右側轉動，上體下壓，右手拍球，向防守者左側加速（圖5、圖6）。

圖6

4.向左側加速後，右腿前跨步，腳尖向球籃，採用行進間高抛投籃，這時與防守者的空間差已經形成，防守者封蓋已晚（圖7、圖8）。

圖7

圖8

三、隔山打虎——持球突破高拋投籃技巧動作練習方法

要求：這個技術動作實質是跳步急停——向左假突——右側突破——行進間高拋投籃動作的連續完成，對隊員的腳步動作基本功和運球基本功、靈活性、協調性要求比較高，假動作要快、逼真，動作幅度不宜過大，高拋投籃需要良好的球感和手指、手腕對球的控制能力，並將球投進籃。

1. 跳步急停假動作虛晃練習。
2. 行進間高拋投籃練習。
3. 交叉步突破動作練習。
4. 完整組合動作練習。
5. 對抗情況下的練習。

四、與其他技術的銜接練習

1. 在運用本技巧動作前可與「Z」字或「V」字擺脫接球動作銜接（見基礎動作篇技巧4、5）。

2. 在運用本技巧動作過人時可與天龍太歲步、天龍四步、清風繞樑等技巧動作銜接（見基礎動作篇技巧6、7，單挑篇技巧8）。

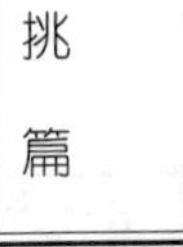

技巧十六 仰天長嘯

各項指標評價

觀賞指數：●●● 動作難度：●● 對抗強度：●●●● 實用指數：●●●

一、仰天長嘯——突破後仰投籃技巧動作說明

在街球世界中有一著名特技高手，他就是路易士·達希爾瓦。路易士從 10 歲開始打球，經常每天練習十幾個小時，時間被常常忘記。典型的動作叫「go-to move」，就是把對手吸引到他面前，然後想辦法將球不斷地轉來轉去，趁其不注意再過他，而通常 99%都會成功。路易士喜歡中國的武術電影和音樂，希望有一天能將武術融入籃球當中。頂著「特技高手」（Trixz）的封號，路易士耍起球來花招百出，招招出神入化，注冊商標「繞球」更讓人目瞪口呆。這一招「仰天長嘯」僅僅是他多種投籃方式的一種，只見身體像一片白雲漂浮在空中，猿臂輕舒，把球擲向空中，經常是每投必中。欲學好這一技巧動作，須按圖示認真進行練習，方能功到事成。

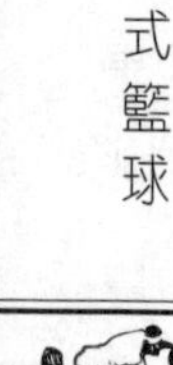

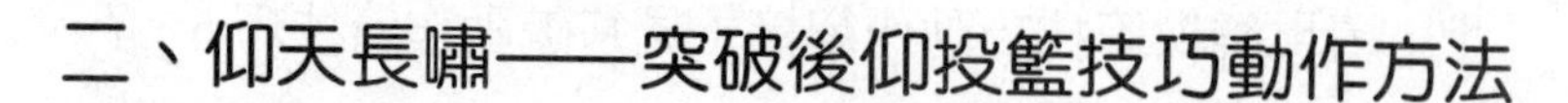

二、仰天長嘯——突破後仰投籃技巧動作方法

1.持球者在中場三分線外，跳步接右側前鋒回傳球，防守者盯人很緊，持球人需要用假動作使防守者重心移動，從而尋找到有利的突破機會，面對防守者，進攻者以跳步落地右腳為軸，呈可投、傳、運的三威脅姿勢。持球者右腳為軸、做瞄籃假動作引誘防守者重心前移（圖 1）。

圖1

2.當防守者身體向前時，持球者收球，左腳向左側跨步，身體呈左側突破姿勢，雙手將球引向身體左側（圖2、圖3、圖4）。

圖2

圖3

圖4

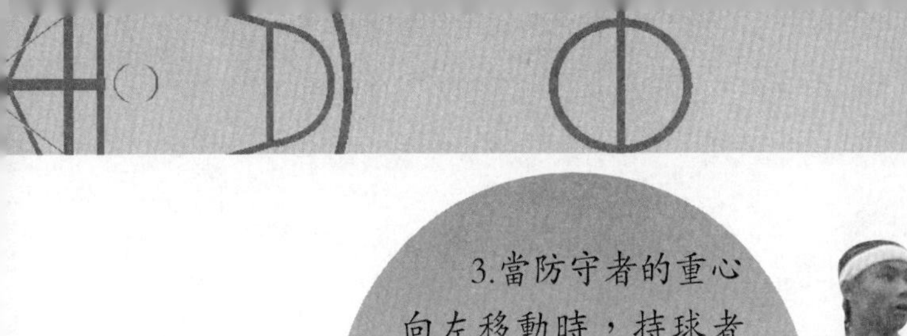

3.當防守者的重心向左移動時，持球者左腳蹬地，身體向右側轉動，上體下壓，右手拍球，向防守者左側加速（圖5）。

圖5

圖6a

4.向左側加速突破到底線附近後，左腿前跨步，腳尖外轉、朝向球籃方向，右腳跟上，跳步急停，身體向後上方起跳，出手投籃。這時防守者雖然已跟上，但後仰跳投的空間差已經形成，防守封蓋已晚（圖6a、圖6b、圖7）。

圖 6b

圖 7

三、仰天長嘯——突破後仰投籃技巧動作練習方法

要求：這個技術動作實質是跳步急停——虛晃投籃——向左假突——右側突破——急停後仰投籃動作的連續完成，對隊員的腳步動作基本功和運球基本功、靈活性、協調性要求比較高，假動作要快、逼真，動作幅度不宜過大，後仰投籃需要良好的身體素質和對球的控制能力，並將球投進籃。

1. 跳步急停假動作虛晃練習。

2. 交叉步突破動作練習。

3. 後仰跳投動作練習。

4. 完整組合動作練習。

5. 對抗情況下的練習。

四、與其他技巧動作的銜接練習

1. 在運用本技巧動作前可與「Z」字或「V」字擺脫接球動作銜接（見基礎動作篇技巧4、5）。

2. 在運用本技巧動作過人中可與天龍太歲步、天龍四步、清風繞樑等技巧動作銜接（見基礎動作篇技巧6、7，單挑篇技巧8）。

技巧十七 偷天換日

各項指標評價

觀賞指數：●●● 動作難度：●● 對抗強度：●●● 實用指數：●●

一、偷天換日——換手背後傳球技巧動作說明

具有街球之王的麥尼高特（The Goat）的「山羊」先生身高183公分，有著一雙超級彈簧腿，垂直起跳竟然可以達到非人類的1.32公尺高。街球史上最經典的絕招——DOUBLE DUNK（一球雙扣）就是此君所創。高中時代就已經名滿全國，大學期間幾經沉浮後，「山羊」先生大徹大悟，投身哈林區的社區活動及籃球推廣，並成立「Walk Away From Basketball Tournament」籃球巡迴賽，他為街頭籃球的發展貢獻出了他的一生。從比賽電影中可以看到此君早期的比賽英姿，快攻當中，使起「偷天換日」技巧動作是恰到好處，又準又快。本書圖示已將其真實再現，請按圖索驥，認真練習。

二、偷天換日——換手背後傳球技巧動作方法

1.持球者在中場三分線外運球，防守者打算從運球人手中搶斷球，雙腳左右平行開立，雙膝彎曲，腳前掌蹬地，隨時準備向左右啓動、加速搶球，持球者判斷出防守者的動作（圖1、圖2）。

圖 1

圖 2

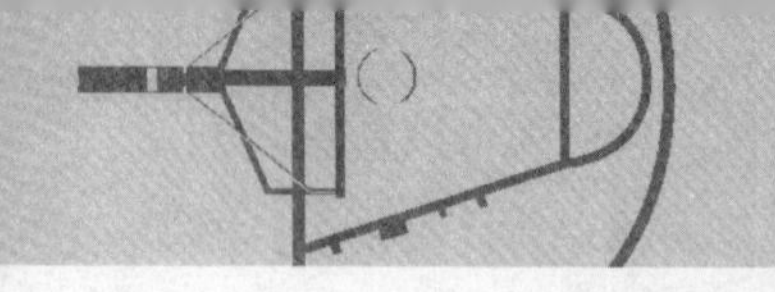

2.進攻者右手運球向右移動，防守者判斷其移動方向後，右腳前跨、左腳跟上，向左斜前上步，上步的同時，以右手伸向持球者的腰部將他的左手隔開，右腳插在他左腳內側，使持球者不能轉身、上步保護球，同時左腳橫跨，左手伸向球，用手指手腕的力量去撥拍球，希望將球打落（圖3、圖4）。

圖3

圖4

3.當防守者上步搶球時，運球者左手在身體前面無法接球，順勢將左手背到身後，右手腕內翻，從體後將球交到右手（圖5）。

圖5

4.左手接到右手來的球後，左臂前伸，肘關節內收，手腕內扣，利用手指、手腕的彈撥之力將球傳出（圖6、圖7、圖8、圖9）。

圖6

圖 7

圖 8

圖 9

三、偷天換日——換手背後傳球技巧動作練習方法

要求：這個技術動作實質是判斷——右手收球——背後遞球——左手傳球動作的連續完成，對隊員的手上基本功、靈活性、協調性要求比較高，動作要快，球要傳準。

1. 背後傳球動作練習。
2. 中慢速運球配合搶球傳球練習。
3. 完全對抗練習。

四、與其他技巧動作的銜接練習

在運用本技巧動作前可與背後 CROSSOVER、背越穿梭、反彈琵琶或大鵬展翅等技巧動作銜接（見戲球篇技巧 14、17、18、19）。

技巧十八 虎踞龍盤

各項指標評價

觀賞指數：● 動作難度：●● 對抗強度：●●●● 實用指數：●●●

一、虎踞龍盤——低位中鋒搶位接球技巧動作說明

限制區腰線兩側是攻守雙方爭奪的焦點區域，是對防守隊最有威脅的區域之一，也是防守方全力佈防之地區，是兵家必爭之地。在這一地區紮住腳跟，要住位置，不論是強攻，還是策應或是爭奪二次籃板球，對進攻隊都是非常有利的。在這裏是寸土必爭，寸土不讓，能否搶佔位置與防守隊員打近戰、肉搏戰，是衡量內線攻擊能力的一個主要標誌。除高大隊員要練好這一技術動作外，小個兒隊員也要精通。能外能內是街球隊員必須具備的攻擊能力。

二、虎踞龍盤——低位中鋒搶位接球技巧動作方法

1.進攻接球者位於球籃左側限制區腰線處，傳球者位於左前鋒位置，防守者力圖使無球者接不到球，貼近無球者，雙方身體接觸，右臂撐在進攻者的腰部，張開左臂封堵傳球路線（圖1）。

圖1

2.無球進攻者身體與邊線成直角，左臂撐開，隔擋防守者，右手張開向側上要球（圖2）。

圖2

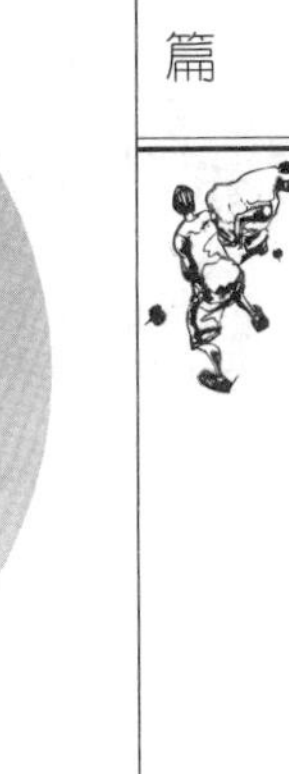

3.當無球進攻者在原位無法接到球時，則壓向限制區，防守者卡位，不讓其繼續向限制區移動，雙方產生身體接觸（圖3、圖4）。

圖3

Streetball Streetball

圖4

4.當雙方僵持在限制區腰線附近時，進攻者面向防守者，以右腳為軸，左腳前腳掌內側蹬地，前轉身，利用身體壓在防守者身前，接同伴的傳球（圖5、圖6、圖7、圖8、圖9、圖10）。

圖5

圖 6

圖 7

圖 8

圖 9

圖 10

三、虎踞龍盤——低位中鋒搶位接球技巧動作練習方法

要求：該擺脫技術動作是在有防守隊員頑強防守的情況下，中鋒隊員獲得球的一種對抗技術方法，通常是在有防守，而且防守又很強的情況下採用。

1. 在無防守的情況下練習上步轉身擺脫動作，體會上步和轉身要球動作要領。

2. 在前一練習達到要求的基礎上，進行有防守的中等強度對抗練習，體會有防守隊員的情況下，身體接觸後的上步轉身用力。

3. 在前兩個練習達到要求的基礎上，進行實戰的結合一對一個人攻守技術訓練。

四、與其他技巧動作的銜接練習

中鋒隊員接到球後可與八卦跳步或猛虎翻身等技巧動作銜接運用（見單挑篇技巧 19、20）。

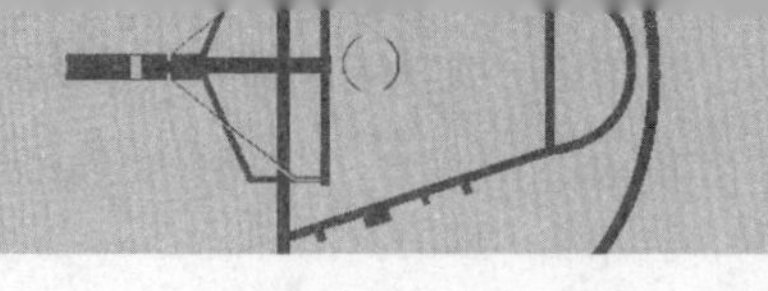

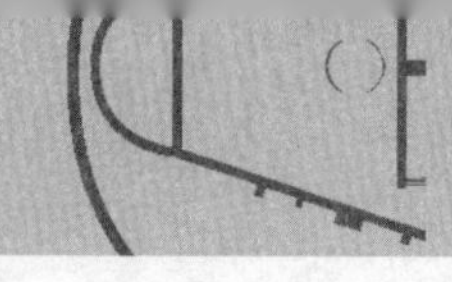

技巧十九 八卦跳步

各項指標評價

觀賞指數：●● 動作難度：●● 對抗強度：●●●● 實用指數：●●●

一、八卦跳步——低位中鋒強力進攻技巧動作說明

當今 NBA 優秀中鋒，馬刺隊 MVP 隊員鄧肯，右側籃下輾轉騰挪，強攻、智取，威風八面，打遍天下無敵手，為馬刺隊獲得 2002～2003 賽季 NBA 總冠軍立下了汗馬功勞。這一八卦跳步即是鄧肯常用之手段。對於這一技巧動作，司職中鋒和大前鋒的隊員需要認真學習，反覆演練，作為常備之進攻武器。

二、八卦跳步——低位中鋒強力進攻技巧動作方法

1. 進攻者位於球籃左側限制區腰線處，接球後以右腳為軸，左腳向限制區跨步，防守者以身體正面擋住進攻者，張開左臂封堵球，右臂撐在進攻者的腰部（圖 1）。

圖 1

圖2

2.進攻者身體與邊線成直角，左肩頂住防守者後，前腳（左腳）向後蹬地，做後撤步，與防守者拉開距離，造成空間差，並做投籃假動作，引誘防守者向前撲（圖2、圖3）。

圖3

Streetball Streetball

3.當防守者身體前移時，進攻者右腳蹬地，左腳跨向底線，從防守者側向底線突破（圖4、圖5、圖6）。

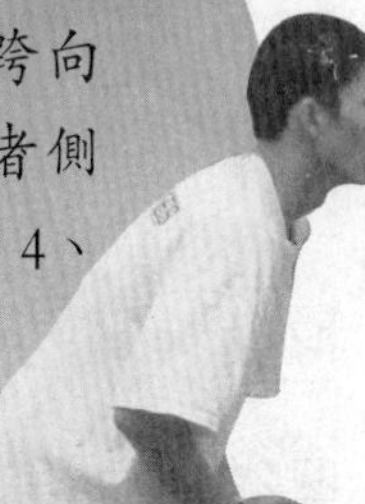

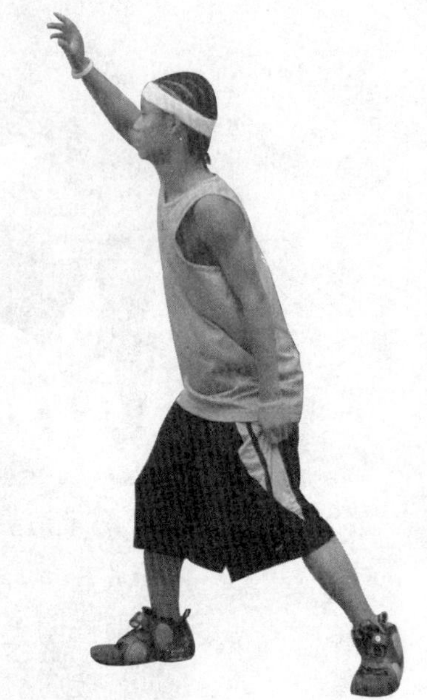

圖4

圖5

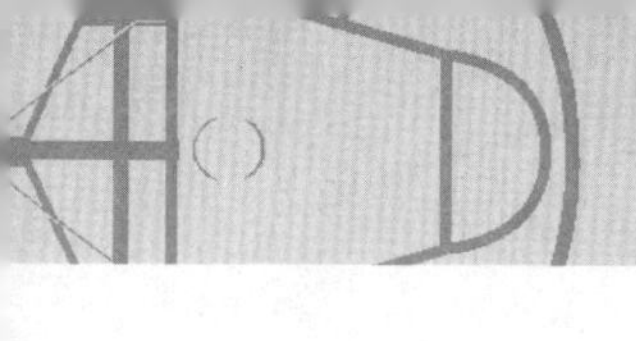

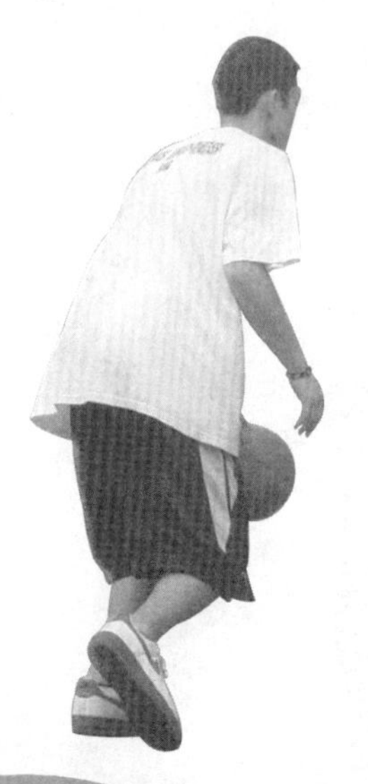

圖 6

4.當持球者突向底線時，要以跳步急停的動作與防守者拉開距離，並做單手高手投籃動作（圖 7、圖 8、圖 9）。

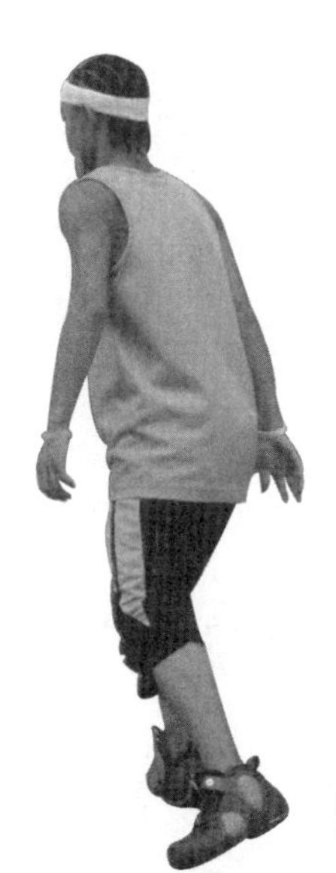

圖 7

Streetball Streetball

圖 8

圖 9

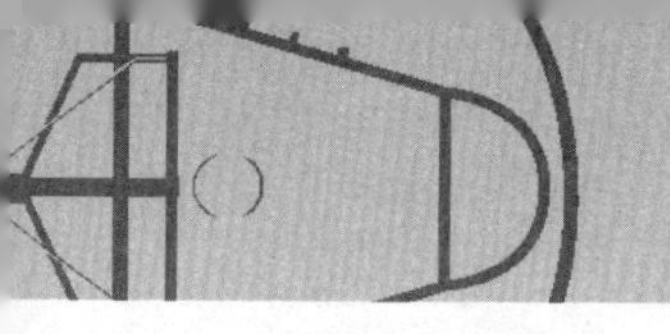

三、八卦跳步——低位中鋒強力進攻技巧動作練習方法

要求：該進攻動作是在有防守隊員頑強防守的情況下，中鋒隊員獲得投籃時機的一種對抗技術方法。通常是在有防守，而且防守又很強的情況下採用。

1. 在無防守的情況下練習上步、撤步、虛晃投籃、底線突破技術動作，體會各動作之間的銜接與連貫的動作要領。

2. 在前一練習達到要求的基礎上，進行無防守的加投籃的動作練習，從開始到結束演練技術動作。

3. 在前兩個練習達到要求的基礎上，進行中等對抗的結合一對一個人攻守技術訓練。

4. 在全力防守的情況下，練習技術動作。

四、與其他技巧動作的銜接練習

1. 在運用這一動作前可與虎踞龍盤技巧動作銜接（見單挑篇技巧 18）。

2. 在運用這一動作後可與仰天長嘯技巧動作銜接（見單挑篇技巧 16）。

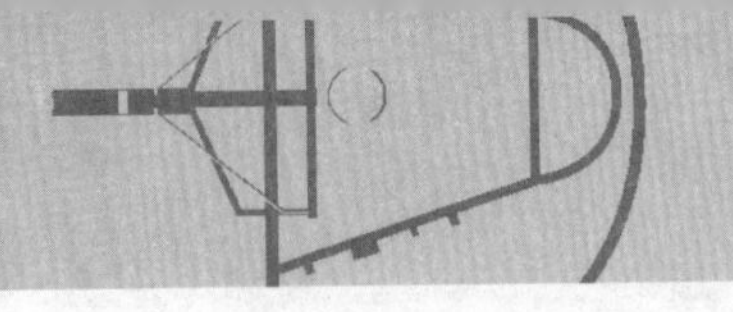

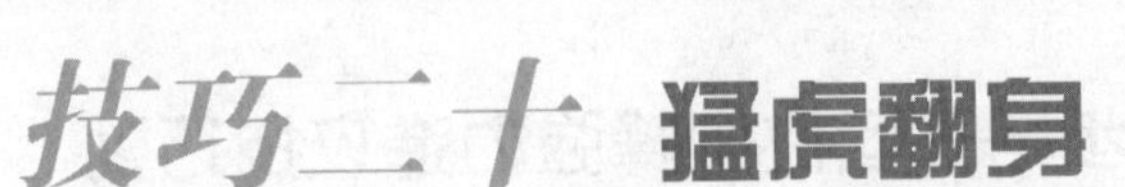

技巧二十 猛虎翻身

各項指標評價

觀賞指數：🏅🏅 動作難度：🏅🏅 對抗強度：🏅🏅🏅🏅 實用指數：🏅🏅🏅

一、猛虎翻身——低位中鋒強力進攻技巧動作說明

NBA 第一中鋒奧尼爾誰人不懼、誰人不怕，身高 216 公分，體重 200 公斤。當他運球向籃下頂進時，猶如一艘巨大的破冰船航行在冰山林立的北冰洋海面上，船體壓過的地方，都要發出巨大冰塊與鋼鐵撞擊的回聲。巨人只要向籃下挺進一步，防守隊就會遭遇到翻江倒海一般的重扣，因而隨之產生「砍鯊戰術」和裁判界對粗暴防守高大中鋒動作的默認。就是這樣，「奧胖」依然是勇不可擋，指哪打哪。這一「猛虎翻身」中鋒動作是奧尼爾最常用的進攻方式之一。根據本節圖示，即可初步掌握這一動作的概要。

二、猛虎翻身——低位中鋒強力進攻技巧動作方法

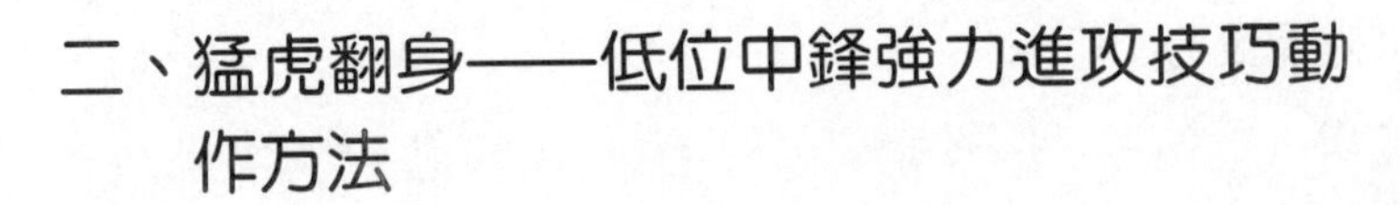

1.進攻者位於球籃左側限制區腰線處，接球後以右腳為軸，左腳向限制區跨步，防守者以身體正面擋住進攻者，張開雙臂封堵進攻者（圖 1、圖 2）。

圖 1

圖 2

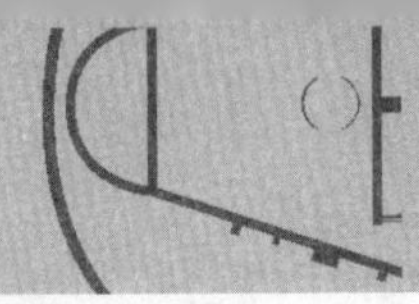

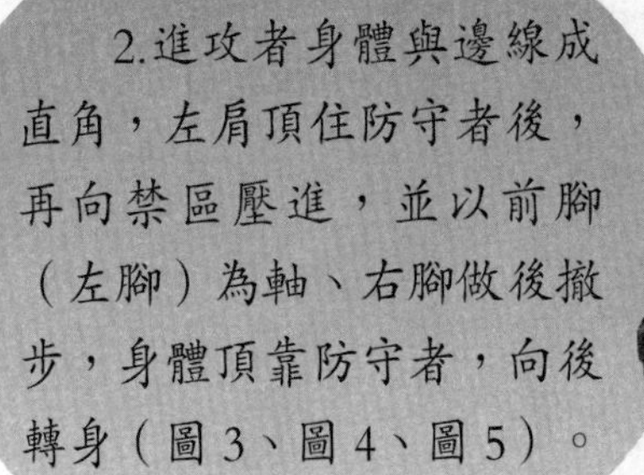

2.進攻者身體與邊線成直角，左肩頂住防守者後，再向禁區壓進，並以前腳（左腳）為軸、右腳做後撤步，身體頂靠防守者，向後轉身（圖3、圖4、圖5）。

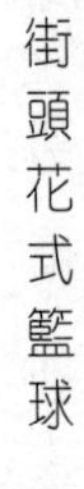

圖3

圖4

圖5

Streetball Street

3.防守者用全力阻擋持球者的移動，而進攻者轉身後身體面對球籃（圖6、圖7、圖8）。

圖6

圖7

圖 8

4.進攻者用身體把防守者靠住後，雙腳起跳，以左手半勾手投籃。這時的進攻者已完全把防守者擋在身體的右側，使其無法封蓋其投籃（圖 9、圖 10）。

圖 9

圖 10

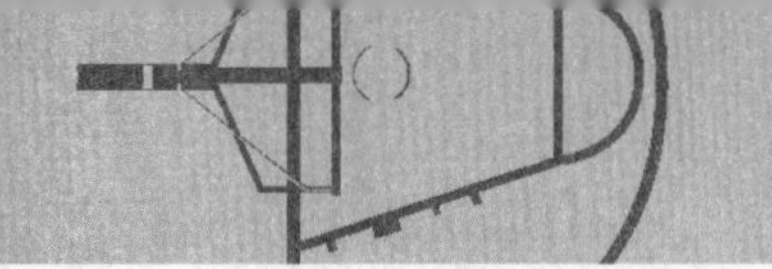

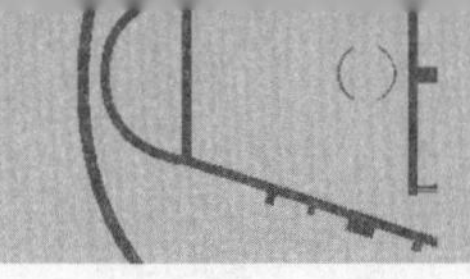

三、猛虎翻身——低位中鋒強力進攻技巧動作練習方法

要求：該進攻動作是在有防守隊員的頑強防守的情況下，中鋒隊員獲得投籃時機的一種對抗技術方法，通常是在有防守而且防守又很強的情況下採用。

1. 低位中鋒擺脫接球技術練習。

2. 在無防守的情況下練習運球、轉身、勾手、靠人技術動作，體會各動作之間的銜接與連貫的動作要領。

3. 在上述練習達到要求的基礎上，進行無防守隊員的加勾手投籃的練習，從開始到結束演練技術動作。

4. 在前三個練習達到要求的基礎上，進行中等對抗的、結合一對一個人攻守技術訓練。

5. 在全力防守的情況下，練習技術動作。

四、與其他技巧動作的銜接練習

在運用這一技術動作前可與虎踞龍盤技巧動作銜接（見單挑篇技巧18）。

技巧二十一 猛虎下山

各項指標評價

觀賞指數：●● 動作難度：●● 對抗強度：●●●● 實用指數：●●●

一、猛虎下山——高位中鋒強力進攻技巧動作說明

中鋒或大前鋒在罰球線附近接球後，除受到防守隊員的正面頂靠、強力防守外，還會受到其他防守隊員的包夾。中鋒作為一支球隊攻防的主力，不但能夠內線開花，並且要具有由外向裏打的能力，需要在對方的核心防區打開缺口，具有萬馬軍中取上將首級如探囊取物的戰將魄力。

二、猛虎下山——高位中鋒強力進攻技巧動作方法

1.進攻者位於限制區罰球線右側，接球後以右腳為軸，做後撤步瞄籃假動作，引誘防守者重心前移，然後左腳前腳掌內側蹬地，向底線交叉步突破，防守者積極滑步，以身體正面擋住進攻者，張開雙臂封堵進攻者（圖1、圖2、圖3）。

圖 1

圖 2

圖 3

2.進攻者身體與防守者的身體充分接觸後，以前腳（左腳）為軸、右腳做後撤步，身體頂靠防守者，向後轉身（圖4、圖5、圖6）。

圖4

圖5

圖6

圖7

3.防守者用全力阻擋持球者的移動，而進攻者轉身後身體面對邊線、側對球籃，把防守者完全壓在身下，抬右臂擋在防守者的面前，雙腳起跳，左手半勾手投籃，這時持球者完全把防守者擋在身體的右側，無法封蓋投籃（圖7、圖8、圖9、圖10）。

圖 8

圖 9

圖 10

三、猛虎下山——高位中鋒強力進攻技巧動作練習方法

要求：該進攻動作是在有防守隊員頑強防守的情況下，中鋒隊員獲得投籃時機的一種對抗投籃組合技術動作方法，通常是在有防守，而且防守又很強的情況下採用。

1. 高位中鋒擺脫接球技術練習。

2. 在無防守的情況下練習運球、轉身、勾手、靠人技術動作，體會各動作之間的銜接與連貫的動作要領。

3. 在前兩個練習達到要求的基礎上，進行無防守隊員的加勾手投籃的動作練習，從開始到結束演練技術動作。

4. 在前三個練習達到要求的基礎上，進行中等對抗的、結合一對一個人攻守的技術訓練。

5. 在全力防守的情況下，練習技術動作。

四、與其他技巧動作的銜接練習

（略）

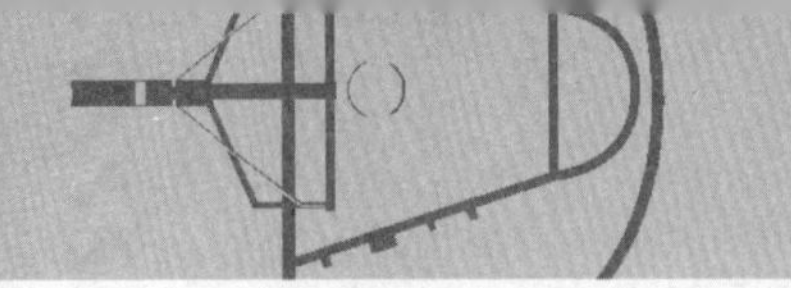

技巧二十二 顧左右而言他

各項指標評價

觀賞指數：●●● 動作難度：●● 對抗強度：●●●● 實用指數：●●●

一、顧左右而言他——擺脫投籃技巧動作說明

這是明尼蘇達森林狼隊前鋒加內特標準動作。當「頭狼」在人群中高高躍起，單手、直臂托起那隻籃球時，猶如一輪明月高掛當空，會當凌絕頂，一覽眾山小，誰與爭鋒。中鋒進攻除有強打硬功外，還需略施小計，避其鋒芒，創造時間差和位置差，為投籃找到更加合適的出手時機。在掌握這一技巧動作後，如何運用，還需自我揣摩，百煉成鋼。

二、顧左右而言他——擺脫投籃技巧動作方法

1.進攻者位於籃板左側罰球線外，接同伴傳球後，雙膝彎曲，重心下降，右手運球於體側，左腳向左側跨半步，身體向防守者左側做虛晃突破假動作（圖1、圖2a）。

圖1

圖 2a

圖 2b

2.當防守者的重心向左側移動時，進攻者以左腳為軸，右腳向身後撤步，右手拉球半後轉身，將防守者向右側晃（圖 2b、圖 3、圖 4a、圖 4b）。

圖 3

圖 4a

圖 4b

3.此時防守者再向右側滑動，以阻擋進攻者，這時的進攻者要以右手向罰球線方向運球，右腳蹬地，左腳向罰球線方向跳步，甩開防守者的糾纏，形成與防守者的位置差（圖 5a、圖 5b、圖 6、圖 7）。

圖 5a

圖 5b

圖 6

圖 7

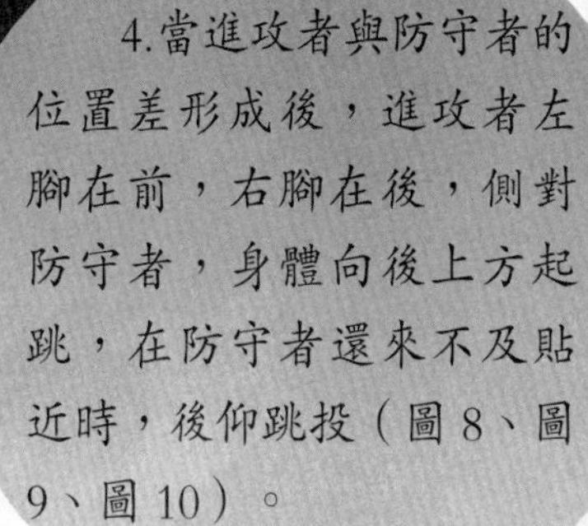

4.當進攻者與防守者的位置差形成後，進攻者左腳在前，右腳在後，側對防守者，身體向後上方起跳，在防守者還來不及貼近時，後仰跳投（圖 8、圖 9、圖 10）。

圖 8

圖 9

圖 10

三、顧左右而言他——擺脫跳投技巧動作練習方法

要求：這個擺脫跳投技巧動作難度比較大，在跳投之前持球隊員要做幾個身體快速虛晃，身體左右半轉身技巧動作，使防守隊員重心上浮，難以快速移動，並處於兩腳平行、重心後移的防守位置。

1. 原地單手肩上投籃技術動作練習。
2. 跳投、後仰跳投技術練習。
3. 運球急停後仰跳投技術練習。

四、與其他技巧動作的銜接練習

（略）

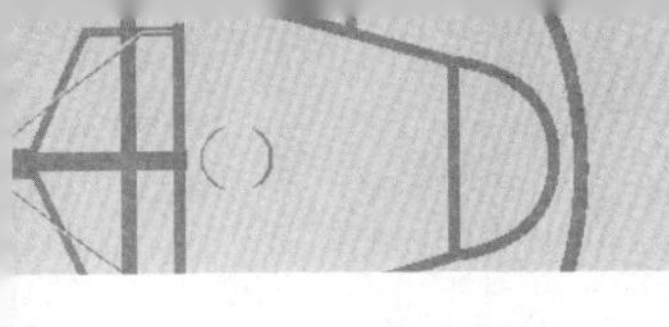

技巧二十三 奪命雙刀

各項指標評價

觀賞指數：●●● 動作難度：●●● 對抗強度：●●● 實用指數：●●●

一、奪命雙刀——搶運球技巧動作說明

本書 97%介紹的都是持球或進攻動作，在這最後一個技巧動作的示例中，向各位讀者介紹一個防守動作。它是 NBA 原湖人隊後衛佩頓慣常使用的搶球動作，名叫「奪命雙刀」。此招一隻手臂壓住對手的非運球手，另一隻手掏、打對手的球，有多少 NBA 名將在佩頓的這一招下丟球失勢，喪失大好局面。掌握這一技巧動作既有利於防守，又有利於進攻，需要按照圖示認真練習，以備實戰中應用。

二、奪命雙刀——搶運球技巧動作方法

1.持球者在中場三分線外，防守者計畫從運球人手中搶斷球，他需要觀察和判斷運球者下一個動作的方向，才能尋找到有利的搶球機會。防守者面對進攻者，雙腳左右平行開立，雙膝彎曲，腳前掌蹬地，隨時準備向左右起動、加速搶球（圖 1、圖 2）。

圖1

圖2

圖 3

2.進攻者右手運球向右移動，防守者判斷其移動方向後，右腳前跨、左腳跟上，向左斜前上步（圖 3、圖 4）。

圖 4

圖 5

3.上步的同時，以右手伸向持球者的腰部將他的左手隔開，右腳插在他左腳內側，促使持球者不能轉身、上步保護球（圖 5、圖 6）。

圖 6

StreetballStreet

圖 7

4.同時左腳橫跨，左手伸向球，用手指手腕的力量撥拍球，將球打落，然後右腳蹬地，左腿側前跨步，加速搶球（圖 7、圖 8）。

圖 8

Streetball

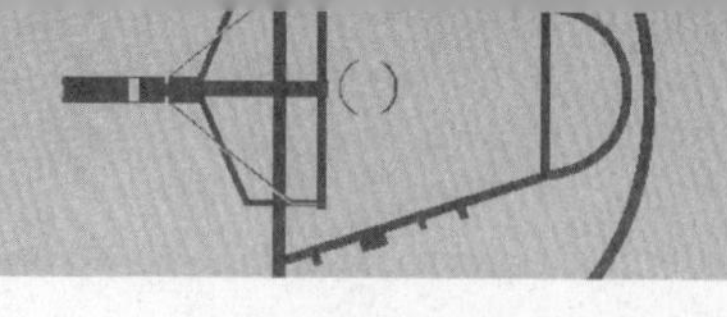

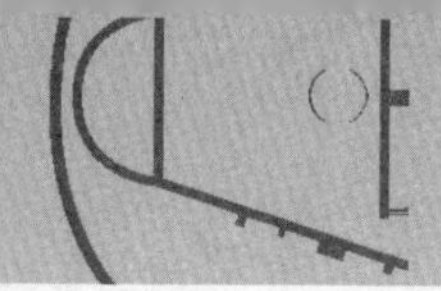

三、奪命雙刀——搶運球技巧動作練習方法

要求：這個技術動作實質是判斷——上步——隔手——打球——加速——得球動作的連續完成，對隊員的腿部基本功、靈活性、協調性要求比較高，動作要快，避免與持球隊員產生身體接觸，產生犯規，破壞了搶球計畫的實施。

1. 滑步、起動、加速腳步動作練習。
2. 中慢速運球隊員配合搶球練習。
3. 完全對抗練習。

四、與其他技巧動作的銜接練習

（略）

歡迎至本公司購買書籍

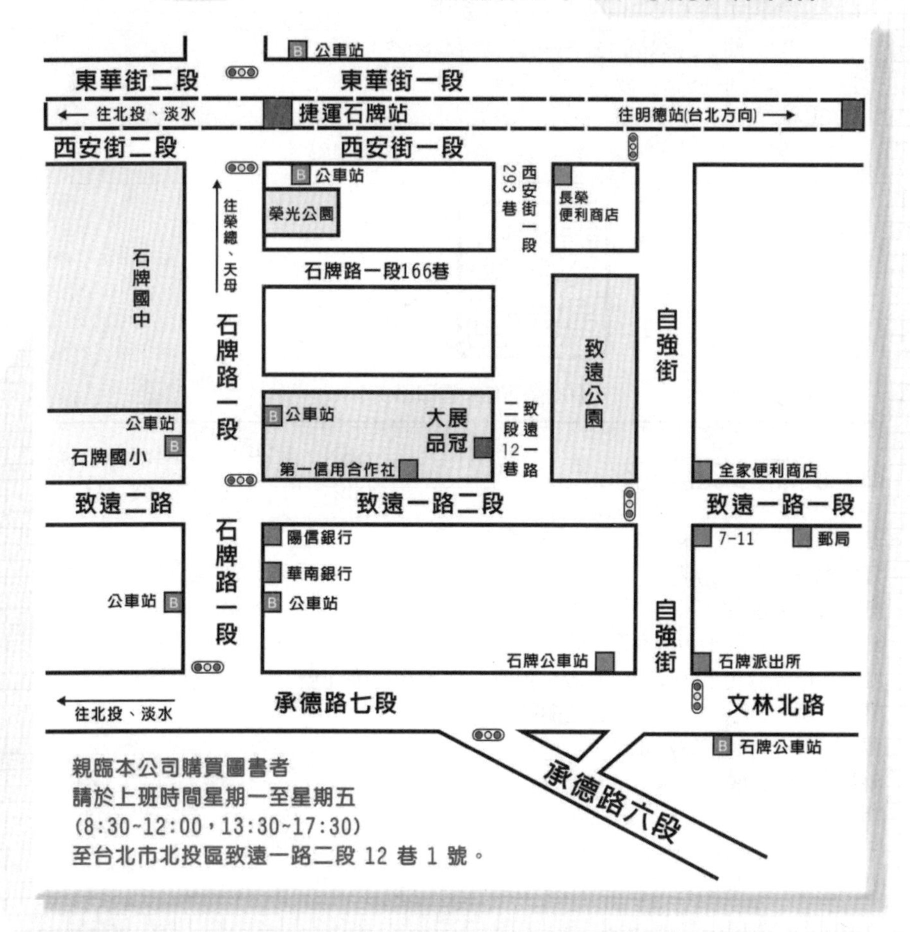

建議路線

1.搭乘捷運

淡水線石牌站下車，由出口出來後，左轉(石牌捷運站僅一個出口)，沿著捷運高架往台北方向走(往明德站方向)，其街名為西安街，至西安街一段293巷進來(巷口有一公車站牌，站名為自強街口)，本公司位於致遠公園對面。

2.自行開車或騎車

由承德路接石牌路，看到陽信銀行右轉，此條即為致遠一路二段，在遇到自強街(紅綠燈)前的巷子左轉，即可看到本公司招牌。

國家圖書館出版品預行編目資料

街頭花式籃球／畢仲春　何斌　陳麗珠　著
——初版，——臺北市，大展，2007〔民96〕
面；21公分，——（運動精進叢書；15）
ISBN　978-957-468-513-4（平裝）

1.籃球

528.952　　95023452

街頭花式籃球

ISBN—13：978-957-468-513-4
ISBN—10：957-468-513-6

著　　者／畢 仲 春　何　斌　陳 麗 珠
責任編輯／王 英 峰
發 行 人／蔡 森 明
出 版 者／大展出版社有限公司
社　　址／台北市北投區（石牌）致遠一路2段12巷1號
電　　話／（02）28236031・28236033・28233123
傳　　眞／（02）28272069
郵政劃撥／01669551
網　　址／www.dah-jaan.com.tw
E－mail／service@dah-jaan.com.tw
登 記 證／局版臺業字第2171號
承 印 者／高星印刷品行
裝　　訂／建鑫印刷裝訂有限公司
排 版 者／弘益電腦排版有限公司
授 權 者／北京人民體育出版社
初版1刷／2007年（民96年）2月

定　價／280元

大展好書　好書大展
品嘗好書　冠群可期